CICERO

Keine Angst vor dem

Älterwerden!

Aus dem Lateinischen übersetzt
von Marion Giebel

Philipp Reclam jun. Stuttgart

Lateinischer Originaltitel:
Cato maior de senectute

Umschlaggestaltung: Finken & Bumiller, Stuttgart
Satz und Druck: Reclam, Ditzingen
Buchbinderische Verarbeitung: Kösel, Krugzell
Printed in Germany 2010

ISBN 978-3-15-010792-8

www.reclam.de

Keine Angst vor dem Älterwerden!

1

(Cicero an Titus Pomponius Atticus.)

»Wenn ich, Titus, dir Hilfe bringe und
von der Sorge,
die dich jetzt quält und im Herzen bedrängt,
dich erlöse,
was ist dann mein Lohn?«

Ich darf dich ja mit denselben Versen anreden, mein Atticus, mit denen jener Mann,

»der nicht reich war, doch durchaus treu
und verlässlich«,

sich an Flamininus wendet.[1] Zwar weiß ich gewiss, dass nicht wie Flamininus »du dich abhärmst, Titus, Tage und Nächte mit Sorgen«; ich kenne ja deinen Sinn für Maß und Billigkeit und weiß, dass du nicht nur deinen Beinamen, sondern auch echte Lebensklugheit aus Athen mitgebracht hast. Und doch vermute ich, dass dich zuweilen dieselben Dinge bedrücken wie mich selbst;[2] eine Trostschrift darüber aber wäre eine zu anspruchsvolle Aufgabe, die auf einen anderen Zeitpunkt verschoben werden muss. Für diesmal aber hielt ich es für richtig, eine Schrift über das Alter zu verfassen und sie dir zu widmen. Von dieser Last des Alters, das sich uns beiden bereits fühlbar macht oder jedenfalls näher rückt, möchte ich nämlich dich und mich selbst erleichtert sehen. Zwar weiß ich sicher, dass du sie wie alles gelassen und weise trägst und tragen wirst, doch als ich etwas über das Alter schreiben wollte, schienst du mir der würdige Empfänger dieser Gabe, die wir uns beide gemeinsam zunutze machen könnten. Mir jedenfalls war die Abfassung dieses Büchleins so angenehm, dass sie nicht nur sämtliche Beschwerden des Alters vertrieben, sondern es sogar behaglich und angenehm gemacht hat. Niemals wird man also die Philosophie hoch genug preisen können, da man als ihr getreuer Anhänger ja jedes Lebensalter ohne Beschwerde hinbringen kann.

Was aber die übrigen philosophischen Fragen betrifft, so haben wir sie bereits ausgiebig behandelt und werden sie noch oft behandeln; mit diesem Buch habe ich dir eine Schrift über das Alter gewidmet. Die gesamte Darstellung aber habe ich nicht dem Tithonos in den Mund gelegt, wie es Ariston von Keos tat[3] – denn eine Gestalt des Mythos würde doch mit zu wenig Autorität sprechen –, sondern dem Marcus Cato in seinem Greisenalter, um den Worten mehr Gewicht zu verleihen. In seinem Haus lasse ich

Laelius und Scipio auftreten und ihrer Bewunderung darüber Ausdruck geben, dass er sein Alter so leicht ertrage, und lasse ihn den beiden antworten. Wenn Cato dir gelehrter zu reden scheint, als er es selbst in seinen Büchern gewöhnlich tut, dann sollst du das der griechischen Literatur zuschreiben, mit der er sich im Alter bekanntlich recht eifrig beschäftigt hat. Doch wozu noch mehr Worte? Catos eigener Vortrag wird ja nun meine gesamte Auffassung vom Alter zum Ausdruck bringen.

2

(Beginn des Gesprächs.)

Scipio: Immer wieder staune ich mit unserem Laelius hier über deine außerordentliche und vollkommene Weisheit in allen sonstigen Bereichen, am meisten aber wohl darüber: Nie habe ich es erlebt, dass dir das Alter zur Last wird. Dabei ist es doch den meisten Menschen so verhasst, dass sie erklären, sie trügen mit ihm eine Last, schwerer als der Ätna.[4]

Cato: Da wundert ihr euch wohl über etwas, Scipio und Laelius, was gar nicht so besonders schwierig ist. Wer freilich nicht in sich selbst die Voraussetzung für ein gutes und glückliches Leben hat, für den ist jedes Lebensalter beschwerlich. Wer aber alles Gute in sich selbst sucht, dem kann nichts schlimm erscheinen, was die Naturnotwendigkeit mit sich bringt. Dazu gehört eben insbesondere das Alter; alle wünschen sich, dass sie es erreichen, doch wenn sie es erreicht haben, beklagen sie sich darüber: So inkonsequent und unlogisch sind sie in ihrer Dummheit. Es schleicht sich rascher heran, als sie gedacht hätten, sagen sie. Erstens: Wer zwang sie denn, etwas Falsches anzunehmen? Wie soll sich denn das Alter schneller der Jugend nähern als die Jugend der Kindheit? Zweitens: Wie könnte das Alter weniger beschwerlich für sie sein, wenn sie im achthundertsten, als wenn sie im achtzigsten Jahr stünden? Wie lang auch immer die verflossene Lebenszeit wäre – ist sie vorbei, dann gäbe es keinen Trost, der einem Dummkopf sein Greisenalter versüßen könnte. Wenn ihr also immer wieder meine Weisheit bewundert – wäre sie doch nur eurer hohen Meinung und meines Beinamens [der Weise] würdig –, dann bin ich darin weise, dass ich der Natur als bester Führerin wie einer Gottheit folge und ihr gehorche.[5] Da sie die übrigen Abschnitte des Lebens so wohl geordnet hat, ist es ja nicht anzunehmen, dass sie wie ein unfähiger Dichter den letzten Akt vernachlässigt hat.[6] Doch musste es zwangsläufig etwas Endgültiges geben, was wie bei Baum- und Feldfrüchten nach angemessener Reifezeit gleichsam welkt und abfällt. Das muss ein Weiser mit Gelassenheit ertragen. Denn der Natur zu widerstreiten – was wäre das anderes, als nach Art der Giganten Krieg gegen die Götter zu führen?

Laelius: Nun gut, Cato; du würdest uns aber, um auch für Scipio zu sprechen, einen recht großen Gefallen erweisen, wenn wir, da wir die Hoffnung oder jedenfalls den Willen haben, alt zu werden, schon beizeiten vorher von dir lernen könnten, auf welche Weise wir die zunehmende Last des Alters am leichtesten ertragen könnten.

Cato: Ja, das will ich tun, Laelius, zumal wenn ich euch beiden damit, wie du sagst, einen Gefallen erweise.

Laelius: Wir wünschen uns in der Tat, wenn es für dich keine Belastung ist, Cato – du hast ja sozusagen einen langen Weg zurückgelegt, den auch wir gehen müssen –, zu erfahren, wie es an dem Ziel aussieht, das du erreicht hast.

3

Cato: Ich will es tun, so gut ich kann, Laelius. Oft habe ich mir nämlich schon die Klagelieder meiner Altersgenossen anhören müssen – gleich und gleich gesellt sich gern, wie das alte Sprichwort sagt –, wie sie Gaius Salinator und Spurius Albinus, ehemalige Konsuln, etwa in meinem Alter, immer wieder anstimmten: bald weil sie Genüsse entbehren müssten, ohne die sie sich kein Leben vorstellen könnten, bald weil sie von Leuten verachtet würden, von denen sie vorher stets geachtet worden seien. Diese klagten aber, wie es mir vorkam, nicht das an, was eigentlich anzuklagen war. Denn wenn das Alter daran schuld sei, träfe doch das gleiche auf mich und alle übrigen Älteren zu. Bei vielen von ihnen habe ich aber ein Alter ohne Klage kennengelernt; sie bedauerten es gar nicht, von den Banden der Sinnenlust befreit zu sein, und sie wurden auch von den Leuten aus ihrer Umgebung nicht verachtet. Doch liegt die Schuld für alle solchen Klagen beim Charakter, nicht beim Alter. Denn ältere Leute, die gelassen, nicht mürrisch und nicht unfreundlich sind, erleben ein durchaus erträgliches Alter, ein unfreundliches und schroffes Wesen aber macht jedes Alter zur Plage.

Laelius: Es ist so, wie du sagst, Cato; doch könnte da vielleicht jemand behaupten, dir scheine das Alter wegen deiner Einflussmöglichkeiten, deiner Wohlhabenheit und deines Ansehens erträglicher, diese Vorzüge hätten viele aber nicht.

Cato: Es hat damit schon etwas auf sich, Laelius; doch keineswegs liegt alles daran. Bei einer Auseinandersetzung mit einem Mann aus Seriphos, der behauptete, Themistokles[7] habe nicht durch seinen eigenen Ruhm, sondern durch den seiner Vaterstadt sein glänzendes Ansehen erworben, soll dieser entgegnet haben: »Wahrhaftig: Weder wäre ich, wenn ich aus Seriphos stammte, jemals berühmt geworden, noch du, wenn du Athener wärest!« Dasselbe kann man auch vom Alter sagen. Denn einerseits kann das Alter bei völliger Mittellosigkeit nicht einmal für einen Weisen leicht sein, andererseits kann es für einen, der nicht weise ist, auch bei größtem Reichtum nicht anders als beschwerlich sein. Die besten Waffen gegen das Alter, lieber Scipio und Laelius, sind in jedem Fall die Wissenschaften und die Betätigung der Tugenden. Zu jeder Lebenszeit geübt, bringen sie nach einem langen Leben herrliche Früchte, nicht nur, weil sie uns niemals im Stich lassen, nicht einmal in der letzten Lebenszeit – obwohl auch das äußerst wichtig ist –, sondern auch weil das Bewusstsein eines recht gelebten Lebens und die Erinnerung an viele Beweise rechten Handelns höchst angenehm sind.

4

Den alten Quintus Fabius Maximus – der Tarent zurückerobert hat – liebte ich als junger Mann wie einen Altersgenossen; bei diesem Mann fand ich nämlich Ernst und Würde, die durch Leutseligkeit gemildert waren, und das Alter hatte seinen Charakter nicht verändert. Als ich ihn damals schätzen lernte, war er noch nicht so hoch betagt, aber doch schon in vorgerücktem Alter. Er war nämlich im Jahr nach meiner Geburt zum ersten Mal Konsul gewesen, und als ganz junger Mann zog ich mit ihm in seinem vierten Konsulat als Soldat nach Capua und fünf Jahre später nach Tarent. Als Quaestor amtierte ich unter dem Konsulat des Tuditanus und Cethegus, als sich Quintus Fabius Maximus, schon im hohen Alter, für den Gesetzesantrag des Cincius über Gaben und Geschenke[8] einsetzte. Er führte Kriege wie ein Jüngling, obwohl er schon recht betagt war, und den jungen Draufgänger Hannibal zermürbte er durch seine Beharrlichkeit und Ausdauer.[9] Treffend rühmte ihn unser Freund Ennius mit seinen Versen:

»*Ein* Mann war es, der unseren Staat durch
Zaudern gerettet;
galt ihm die Rettung doch mehr als das Gerede
der Menge.
so soll je länger je mehr der Ruhm des Mannes
erstrahlen.«

Tarent aber – mit welch wachsamer Überlegung, mit welch kluger Taktik hat er es zurückerobert! Ich habe selber gehört, wie Salinator, der nach dem Verlust der Stadt in ihrer Zitadelle zurückgeblieben war, sich rühmte und erklärte: »Mit meiner Hilfe, Quintus Fabius, hast du Tarent zurückerobert!« »Gewiss«, sagte er lächelnd, »wenn du es nämlich nicht verloren hättest, hätte ich es nie zurückerobert.« Er tat sich aber in Friedenszeiten nicht weniger hervor als im Krieg; in seinem zweiten Konsulat leistete er, während sein Kollege Spurius Carvilius untätig blieb, dem Volkstribunen Gaius Flaminius Widerstand, solange er konnte, als der das picenische und gallische Gebiet dem Senatsbeschluss entgegen unter das Volk nach der Kopfzahl aufteilen wollte. Obwohl er Augur war, wagte er zu sagen, was man zum Wohl des Staates tue, das tue man unter den besten Auspizien; dagegen stehe ein Antrag, der sich gegen den Staat richte, im Widerspruch zu den Auspizien.[10]

Viel Großartiges habe ich bei diesem Mann erlebt; aber nichts war bewundernswerter als die Art, wie er den Tod seines Sohnes, eines berühmten Mannes und ehemaligen Konsuls, ertrug. Seine Leichenrede liegt uns vor – wenn wir sie lesen, erscheint uns da nicht jeder Philosoph gering? Groß war er aber nicht nur im Licht der Öffentlichkeit und unter den Augen seiner Mitbürger, sondern noch mehr im privaten und häuslichen Bereich. Wie wirkte er im Gespräch, in seinen Belehrungen, was hatte er für eine Kenntnis der Geschichte, was für ein Wissen vom Augurenrecht. Für einen Römer war er auch literarisch sehr gebildet. Alles hatte er im Gedächtnis, nicht nur die innenpolitischen Angelegenheiten, sondern auch alle auswärtigen. Nach Gesprächen mit ihm war ich damals so begierig, als ahnte ich bereits, dass, wie es auch eintraf, nach seinem Tod keiner mehr da sein werde, von dem ich lernen konnte.

5

Wozu aber so viele Worte über Fabius Maximus? Weil ihr an ihm tatsächlich sehen könnt, dass es ein Frevel wäre zu behaupten, ein solches Alter sei beklagenswert gewesen. Doch können nicht alle Menschen solche Persönlichkeiten wie Scipio oder Maximus sein, so dass sie auf Eroberungen von Städten, auf Schlachten zu Wasser und zu Lande, auf Kriege, die sie selber führten, und Triumphe zurückblicken können. Es gibt auch das Alter eines in Ruhe, in Lauterkeit und edlem Stil geführten Lebens, wie wir es von Platon vernommen haben, der im einundachtzigsten Lebensjahr beim Schreiben starb, oder wie von Isokrates, der sagt, er habe das Buch mit dem Titel *Panathenaikós* im vierundneunzigsten Lebensjahr geschrieben, und der danach noch fünf Jahre lebte. Sein Lehrmeister Gorgias von Leontinoi vollendete hundertsieben Lebensjahre und ließ niemals in seinem Schaffenseifer nach. Als man ihn fragte, warum er so lange am Leben bleiben wolle, erwiderte er: »Ich habe keinen Grund, das Alter anzuklagen.« Eine großartige Antwort, die eines Gelehrten würdig ist! Denn nur Dummköpfe lasten ihre eigenen Fehler und ihr eigenes Verschulden dem Alter an.

Das tat der Mann nicht, den ich vorhin erwähnte, nämlich Ennius:

»So wie ein tüchtiges Pferd, das oft am Ziele
der Rennbahn
in Olympia siegte, nun alt und müde
sich ausruht.«

Mit dem Alter eines mutigen und siegreichen Pferdes vergleicht er sein eigenes. Ihr könnt euch sicher noch gut an ihn erinnern. Denn die jetzigen Konsuln, Titus Flamininus und Manius Acilius, wurden achtzehn Jahre nach seinem Tod gewählt, er aber starb unter dem Konsulat des Caepio und dem zweiten des Philippus; es war das Jahr, in dem ich im Alter von fünfundsechzig Jahren mit kräftiger Stimme und in guter körperlicher Verfassung den Gesetzesantrag des Voconius zur Annahme empfahl. Im Alter von siebzig Jahren – denn so lange lebte Ennius – trug er die beiden Lasten, die als die schwersten gelten, nämlich Armut und Greisenalter, und zwar so, dass es fast den Anschein hatte, als habe er noch Freude daran.

So finde ich denn, wenn ich mir die Sache recht überlege, vier Gründe, weshalb das Alter beklagenswert erscheint: einmal weil es uns das tätige Leben verwehrt, zum andern weil es unseren Körper schwächt, drittens weil es uns fast sämtlicher Genüsse beraubt und viertens weil es nicht mehr weit vom Tode entfernt ist. Betrachten wir nun, wenn es euch recht ist, jeden dieser Gründe, wie schwerwiegend und wie berechtigt er ist.

6

›Das Alter hindert uns an der Ausübung von Tätigkeiten.‹ Von welchen? Etwa von denen, die man ausübt, wenn man jung und kräftig ist? Dann gibt es also keine Tätigkeiten für das Alter, die man trotz körperlicher Schwäche mit dem Geist ausübt? Tat also Quintus Maximus nichts, nichts dein Vater, Lucius [Aemilius] Paulus, der Schwiegervater des vortrefflichen Mannes, der mein Sohn war? Die anderen Greise, Männer wie Fabricius, Curius und Coruncanius, taten sie nichts, wenn sie den Staat mit ihrem Rat und ihrer Autorität verteidigten? Bei Appius Claudius kam zu seinem Alter noch hinzu, dass er blind war; doch als die Senatoren dazu neigten, für den Abschluss eines Friedensvertrags mit Pyrrhos[11] zu stimmen, zögerte er nicht, das zu sagen, was Ennius in die Verse brachte:

»Wohin hat euer Sinn, der bisher aufrecht und fest stand,
sich, ihr Sinnlosen, nun vom rechten Pfade gewendet?«

Sehr eindrucksvoll ist auch das übrige; ihr kennt ja die Verse, aber auch die Rede des Appius selbst ist noch vorhanden. Und diese Leistung vollbrachte er siebzehn Jahre nach seinem zweiten Konsulat, wobei zehn Jahre zwischen seinen beiden Konsulaten verstrichen waren und er vor seinem ersten bereits Zensor gewesen war. Daraus ist zu ersehen, dass er zur Zeit des Krieges gegen Pyrrhos schon hochbetagt gewesen ist. Und doch haben wir es von unseren Vätern so vernommen.

Keine Beweiskraft hat also die Behauptung, im Alter könne man sich nicht aktiv betätigen. Es ist gerade so, als würde man sagen, der Steuermann sei bei der Schifffahrt untätig: Die einen klettern auf die Mastbäume, andere laufen in den Schiffsgängen hin und her, wieder andere schöpfen das Wasser aus – der Steuermann aber hält nur das Steuerruder in der Hand und sitzt ruhig auf dem Hinterdeck. Er tut freilich nicht das, was die jungen Leute tun, aber er tut etwas viel Wichtigeres und Besseres. Bedeutende Dinge vollbringt man nicht durch körperliche Kraft, Behendigkeit und Schnelligkeit, sondern mit seinem klugen Rat, dem Gewicht seiner Persönlichkeit und seinem besonnenen Urteil. Das sind Eigenschaften, die man im Alter gewöhnlich nicht einbüßt, sondern die sogar noch zunehmen. Oder habt ihr etwa den Eindruck, ich, der ich als Soldat, Tribun, Legat und Konsul die verschiedensten Kriege mitmachte, würde nun einrosten, nur weil ich keine Kriege mehr führe? Aber ich schreibe dem Senat vor, welche Kriege zu führen und wie sie zu führen sind. Karthago, das schon längst Böses im Schilde führt, kündige ich lange im voraus den Krieg an. Seinetwegen mir Sorgen zu machen werde ich nicht eher aufhören, als bis ich erfahre, dass es zerstört ist.[12] Mögen die unsterblichen Götter dir, Scipio, diese Siegespalme vorbehalten, damit du das vollendest, was dir dein Großvater noch übriggelassen hat. Seit seinem Tod sind dreiunddreißig Jahre vergangen, aber alle noch folgenden Jahre werden die Erinnerung an diesen Mann bewahren. Er ist ein Jahr vor meiner Zensur gestorben, neun Jahre nach meinem Konsulat, nachdem er in meiner Amtszeit ein zweites Mal zum Konsul gewählt worden war. Wäre er nun etwa, wenn er hundert Jahre gelebt hätte, seines Alters überdrüssig geworden? Freilich würde er weder einen militärischen Streifzug unternehmen noch einen Sturmangriff machen, weder die Lanze im Fernkampf noch das Schwert im Nahkampf führen, wohl aber durch seinen klugen Rat und sein überlegenes Urteil wirken. Wenn diese Fähigkeiten sich nicht bei den Alten fänden, dann hätten unsere Vorfahren nicht das höchste Gremium als den Senat, den Rat der Alten bezeichnet. Bei den Spartanern werden jedenfalls diejenigen, die das höchste Amt ausüben, so genannt, was sie auch sind: die Alten.[13] Wollt ihr aber die Geschichte fremder Völker lesen oder hören, werdet ihr finden, dass die mächtigsten Staaten von jungen Leuten zerrüttet wurden, von den alten aber aufrechterhalten und wiederhergestellt.

> »Sagt an, wie kam's, dass euch euer großer Staat so schnell verlorenging?«

Denen, die diese Frage stellen, wird im Schauspiel des Dichters Naevius manches zur Antwort gegeben, insbesondere aber dieses:

> »Es traten neumodische Redner auf, törichte junge Burschen.«[14]

Unbesonnenheit ist offenbar das Merkmal der blühenden Jugend, besonnene Klugheit das des Alters.

7

›Doch das Gedächtnis lässt nach.‹ Nun ja, wenn man es nicht übt, oder auch wenn man von Natur aus etwas langsam im Kopf ist. Themistokles kannte alle seine Mitbürger mit Namen. Meint ihr da etwa, er habe, als er älter geworden war, den Aristides jeweils als Lysimachos begrüßt?[15] Was mich betrifft, so kenne ich nicht nur die jetzige Generation meiner Mitbürger, sondern auch ihre Väter und Großväter, und wenn ich Grabinschriften lese, sorge ich mich nicht, beim Lesen, wie man sagt, mein Gedächtnis zu verlieren. Denn eben, indem ich sie lese, kehrt die Erinnerung an die Verstorbenen zurück. Auch habe ich noch nie gehört, ein alter Mann habe den Ort vergessen, an dem er einen Schatz vergraben hatte. An alles, was ihnen am Herzen liegt, erinnern sich die Leute, an geleistete Bürgschaften, an ihre Schuldner und an ihre Gläubiger. Und die Rechtsgelehrten, die Oberpriester, die Auguren und die Philosophen – an wie vieles erinnern sie sich, auch wenn sie noch so alt sind! Die Geisteskräfte bleiben im Alter erhalten, wenn nur Eifer und Fleiß erhalten bleiben, und das gilt nicht nur bei berühmten und durch hohe Ämter geehrten Persönlichkeiten, sondern auch im stillen

Privatleben. Sophokles schrieb bis ins hohe Alter Tragödien; als es schien, er würde wegen dieser Beschäftigung sein Hauswesen vernachlässigen, brachten ihn seine Söhne vor Gericht. Wie auch nach unserer Sitte den Vätern, die ihr Vermögen schlecht verwalten, gewöhnlich die Verfügung über ihren Besitz entzogen wird, so sollten die Richter Sophokles, als wäre er schwachsinnig, entmündigen. Da soll der Greis die Tragödie, die er in Händen hielt und kurz zuvor verfasst hatte, seinen *Ödipus auf Kolonos*, den Richtern vorgetragen und ihnen dann die Frage gestellt haben, ob ihnen diese Dichtung als das Werk eines Schwachsinnigen vorkomme. Auf diesen Vortrag hin wurde er durch die Entscheidung der Richter freigesprochen.[16]

Hat also das Alter diesen Mann, hat es einen Homer, Hesiod, Simonides oder Stesichoros oder die zuvor Genannten, Isokrates und Gorgias, große Philosophen wie Pythagoras und Demokrit, wie Platon und Xenokrates, wie später Zenon und Kleanthes oder den Stoiker Diogenes, den ihr noch in Rom erlebt habt – hat also das Alter sie gezwungen, in ihrer geistigen Arbeit zu verstummen? Oder dauerte bei ihnen allen die Beschäftigung mit ihren Studien nicht so lange wie ihr Leben?

Doch sehen wir einmal von diesen höheren Studien ab. Ich könnte aus dem Sabinerland römische Bauern anführen, meine Nachbarn und Freunde:

Wenn sie nicht dabei sind, unternimmt man gewöhnlich nie irgendwelche wichtigen Arbeiten, nicht bei der Saat, nicht bei der Ernte, nicht bei der Einlagerung der Feldfrüchte. Freilich ist das bei diesen Arbeiten noch nicht so sehr erstaunlich, denn niemand ist so alt, dass er nicht glaubt, er könne noch ein Jahr leben. Eben diese Männer aber mühen sich auch mit solchen Arbeiten ab, von denen sie wissen, dass sie nichts mehr davon haben werden.

> »Da pflanzt er Bäume, die einem anderen Jahrhundert Nutzen bringen«,

wie unser Caecilius Statius in seinen *Synepheben* sagt. Der Bauer aber, mag er noch so alt sein, kann auf die Frage, für wen er säe, ohne Zögern antworten: »Für die unsterblichen Götter, nach deren Willen ich diesen meinen Besitz nicht nur von den Vorfahren erhalten habe, sondern ihn auch den Nachkommen weitergeben sollte.«

8

Dieses Wort des Caecilius über einen Alten, der für die nächste Generation sorgt, klingt besser als das folgende desselben Dichters:

> »Wahrhaftig, Greisenalter, wenn du auch sonst nichts Schlimmes brächtest, wenn du kommst – das eine ist schon genug: Wer lange lebt, sieht vieles, was er nicht will.«

Aber vielleicht auch vieles, was er will! Und Unerwünschtem begegnet man oft auch in der Jugend. Doch das folgende Wort des Caecilius ist noch verkehrter:

> »Dann achte ich im Alter das für das
>   Jammervollste,
> zu fühlen, wie man dem andern lästig wird.«

Nein, eher angenehm als lästig! Denn wie sich kluge alte Menschen über junge Leute mit guter Veranlagung freuen und wie denen das Alter leichter wird, die von der Jugend verehrt und geliebt werden, so freuen sich auch junge Menschen an den Lehren der

Alten, durch die sie in ihrem Streben nach Tüchtigkeit angeleitet werden. Ich fühle mich doch bei euch nicht weniger wohl als ihr euch bei mir. Ihr seht aber, wie das Alter nicht nur nicht schlaff und träge macht, sondern vielmehr geschäftig ist, immer in Tätigkeit und Bewegung, freilich so, wie es dem Bestreben eines jeden in seinem bisherigen Leben entspricht. Wie steht es mit denen, die gar noch etwas hinzulernen? So rühmt sich Solon, wie wir sehen, in seinen Versen, wenn er erklärt, er werde alt, indem er täglich etwas dazulerne.[17] Und so habe ich es auch gehalten, denn ich habe im Alter noch Griechisch gelernt. So begierig habe ich es mir angeeignet, als ob ich einen Durst danach stillte, den ich schon lange empfunden hatte. So sind mir gerade die Dinge bekannt geworden, die ich euch nun, wie ihr seht, als Beispiele anführe. Als ich erfuhr, Sokrates habe ebensolchen Eifer beim Saitenspiel gezeigt, da hätte ich das gerne auch noch gemacht – bei den alten Griechen erlernte man ja das Spiel auf der Leier –, aber um das Erlernen der Sprache habe ich mich jedenfalls bemüht.

9

Die Kräfte eines jungen Menschen vermisse ich nicht einmal jetzt – das war ja bei den Schattenseiten des Alters der zweite Punkt –, so wenig wie ich als junger Mann die Kraft eines Stieres oder eines Elefanten vermisst habe. Man sollte das gebrauchen, was man hat, und alles, was man tut, seinen Kräften entsprechend tun. Gibt es etwas so Albernes wie diesen Ausspruch des Milon von Kroton?[18] Als er schon alt war und zusah, wie Athleten im Stadion trainierten, soll er seine Arme betrachtet und unter Tränen gerufen haben: »Ach, die sind ja schon tot!« Nein, nicht deine Arme, vielmehr du selbst, du Schwätzer! Du bist ja nie durch dich selbst berühmt geworden, sondern nur durch deinen starken Brustkorb und deine Arme. Nie hörte man etwas dergleichen von Sextus Aelius, nichts vor vielen Jahren von Coruncanius, nichts vor kurzem von Publius Crassus, Männer, die ihren Mitbürgern Gesetze gaben; sie haben ihre klugen Kenntnisse bis zum letzten Atemzug weiterentwickelt.

›Ein Redner, fürchte ich, erschlafft im Alter; seine Aufgabe erfordert ja nicht nur Geistesgaben, sondern auch starke Lungen und überhaupt körperliche Kraft.‹ Doch im allgemeinen behält der typische

Klang einer Stimme irgendwie auch im Alter noch seine Resonanz; ich habe dies jedenfalls bisher nicht eingebüßt, und ihr kennt meine Jahre. Die ruhige verhaltene Sprache eines alten Menschen wirkt angenehm und würdig, und die gefällige, gelassene Redeweise eines betagten Redners findet von selbst ihr Publikum. Kann man es selber nicht mehr leisten, so könnte man ja einen Scipio und Laelius darin unterweisen. Was gibt es denn Erfreulicheres, als im Alter umringt zu sein von einem Kreis lernbegieriger junger Leute? Oder wird man dem Alter sogar diese Kräfte absprechen, die Jungen zu belehren, auszubilden und sie zur Erfüllung aller ihrer Aufgaben und Pflichten anzuleiten? Was könnte denn herrlicher sein als diese Tätigkeit? Mir schienen jedenfalls Gnaeus und Publius Scipio und deine beiden Großväter, Lucius Aemilius [Paulus] und Publius Africanus glücklich, wenn sie vornehme junge Männer im Gefolge hatten, und es gibt keine Lehrmeister der edlen Wissenschaften, die man nicht glücklich schätzen dürfte, mögen sie ihren körperlichen Kräften nach auch noch so altersschwach geworden sein.

Dabei rührt gerade dieses Nachlassen der Kräfte häufiger von den Sünden der Jugend her als von den Gebrechen des Alters. Denn eine dem hemmungslosen Genuss verfallene Jugend hinterlässt dem Alter einen entkräfteten Körper. Kyros sagt jedenfalls bei Xenophon in seiner Rede, die er in hohem Alter auf dem Sterbebett hielt,[19] er habe nie das Gefühl gehabt, er sei im Alter schwächer gewesen als in der Jugend. Aus meiner Kinderzeit erinnere ich mich an Lucius Metellus, der vier Jahre nach seinem zweiten Konsulat Oberpriester [*pontifex maximus*] geworden war und dieses Priesteramt zweiundzwanzig Jahre ausübte; er war noch in seiner letzten Lebenszeit so gut bei Kräften, dass er die Jugend nicht vermisste. Ich brauche nicht von mir selbst zu reden, obgleich das eine Eigenart alter Leute ist und man es unseren Jahren auch nachsieht.

10

Ihr wisst doch, wie oft Nestor sich bei Homer seiner Vorzüge rühmt. Er erlebte ja bereits die dritte Generation und brauchte nicht zu befürchten, zu überheblich oder redselig zu wirken, wenn er sich wahrer Vorzüge rühmte. Denn wie Homer sagt, »floss die Rede von seiner Zunge süßer als Honig«,[20] ein Reiz, für den es keiner körperlichen Kräfte bedurfte. Und der Heerführer Griechenlands wünscht sich wahrhaftig nirgends, zehn Männer vom Schlag eines Aias zu haben, wohl aber zehn wie Nestor; wenn er die fände, so zweifelt er nicht, dass Troia dann in Kürze fallen werde.

Doch zurück zu mir. Ich stehe jetzt im vierundachtzigsten Lebensjahr; ich wünschte zwar, ich könnte mich ebenso rühmen wie Kyros, aber ich kann doch folgendes behaupten: Ich bin zwar nicht mehr so bei Kräften wie als Soldat im Krieg gegen Karthago, als Quaestor im selben Krieg, als Konsul in Spanien oder vier Jahre später, als ich als Kriegstribun unter dem Konsul Manius Acilius Glabrio bei den Thermopylen kämpfte.[21] Aber das Alter hat mich doch, wie ihr seht, nicht völlig entkräftet und gebrochen. Weder die Kurie noch die Rednertribüne müssen auf meine Kräfte verzichten, ebenso wenig wie meine Freunde, meine Schutzbefohlenen oder meine Gastfreunde.[22] Ich habe nämlich niemals jenem alten, vielgepriesenen Sprichwort zugestimmt, das dazu auffordert, frühzeitig ein Greis zu werden, wenn man es lange sein will. Nein, ich wollte lieber weniger lange ein Greis sein, statt vor der Zeit einer zu werden. So hat mich auch bisher noch keiner besuchen wollen, für den ich nicht Zeit gehabt hätte.

›Aber ich habe weniger Kraft als jeder von euch beiden.‹ Nicht einmal ihr besitzt die Kräfte des Centurio Titus Pontius. Ist dieser daher mehr wert als ihr? Wenn man seine Kräfte nur maßvoll einteilt und sich nur so viel anstrengt, wie man kann, dann wird niemand sich abhärmen vor Sehnsucht nach mehr Körperkraft. In Olympia soll Milon das Stadion durchschritten haben, indem er einen Ochsen auf den Schultern trug. Würdest du dir lieber diese Körperkraft wünschen oder die Geistesstärke eines Pythagoras?[23] Mit einem Wort: Gebrauche dieses Geschenk der Natur, solange es da ist; wenn es nicht mehr da ist, dann vermisse es nicht, sonst müssten doch auch die jungen Leute die Kindheit und die etwas Älteren die Jugend vermissen. Das Leben hat seine bestimmte Bahn, und es gibt nur einen Weg der Natur, und zwar einen geraden. Jedem Lebensabschnitt wurde seine Zeit zugemessen; die Schwäche der Kinder, das Ungestüm der jungen Leute, der

Ernst des schon gesetzten Alters und die Reife des Greisenalters, das hat etwas ganz Natürliches, das man jeweils zu seiner Zeit ausleben muss. Du hast, denke ich, gehört, Scipio, was Masinissa,[24] dein Gastfreund von großväterlicher Seite, tut, der heute neunzig Jahre alt ist: dass er grundsätzlich auf kein Pferd steigt, wenn er einen Fußmarsch angetreten hat; wenn er aber zu Pferde unterwegs ist, dann steigt er nicht vom Pferd ab; kein Regen, keine Kälte bringt ihn dazu, eine Kopfbedeckung aufzusetzen, sein Körper ist außerordentlich abgehärtet, und so kann er alle Pflichten und Aufgaben eines Königs erfüllen. Mit körperlicher Übung und maßvoller Lebensweise kann man also auch im Alter noch etwas von der früheren Leistungsfähigkeit bewahren.

11

›Im Alter hat man keine Körperkräfte mehr.‹ Man verlangt vom Alter ja auch gar keine Kraft mehr. Deshalb ist nach Gesetz und Herkommen unser Alter frei von solchen Aufgaben, die ohne körperliche Kraft nicht zu erfüllen sind. Und deshalb zwingt man uns auch gar nicht zu dem, was wir nicht leisten können, ja nicht einmal dazu, was wir noch könnten. ›Doch viele alte Menschen sind so schwach, dass sie keine Verpflichtung und überhaupt keine Aufgabe im Leben mehr erfüllen können.‹ Das ist nun aber kein besonderes Gebrechen des Alters, sondern allgemein eine Sache der gesundheitlichen Verfassung. Wie schwächlich war doch der Sohn des Publius Africanus, der dich adoptiert hat, Scipio, wie zart oder vielmehr kümmerlich seine Gesundheit! Wäre es anders gewesen, wäre mit ihm eine zweite Leuchte des Staates aufgegangen, denn zu der Geistesgröße seines Vaters kam bei ihm eine noch reichere Bildung. Was wundert man sich also bei den Alten, wenn sie einmal schwach sind, da selbst die Jungen dem nicht entgehen können? Man muss sich dem Altern widersetzen, Laelius und Scipio, und seine Gebrechen durch Umsicht ausgleichen. Es gilt, gegen das Alter anzukämpfen wie gegen eine Krankheit: auf seine Gesundheit achten, maßvolle körperliche Übungen betreiben und nur so viel essen und trinken, dass man die Kräfte des Körpers stärkt, ihn aber nicht belastet.

Es gilt jedoch nicht nur den Körper, sondern noch viel mehr Geist und Seele zu unterstützen. Auch diese Kräfte erlöschen im Alter, wenn man nicht wie bei einer Lampe immer Öl nachgießt. Der Körper wird zwar durch anstrengende Übungen erschöpft, der Geist aber dadurch, dass man ihn übt, gestärkt. Denn wenn [der Komödiendichter] Caecilius von »komischen, dummen Alten« spricht, dann meint er damit leichtgläubige, vergessliche, energielose Menschen, deren Schwächen nicht für das Alter an sich typisch sind, sondern für ein schlaffes, träges und schläfriges Alter. Wie Frechheit und Hemmungslosigkeit eher ein Merkmal der Jungen als der Alten sind, jedoch nicht aller Jungen, sondern nur der ungeratenen, so ist die greisenhafte Torheit, die man gewöhnlich senile Verblödung nennt, typisch für Alte, die sich gehen lassen, aber eben nicht für alle.

Vier kräftigen Söhnen, fünf Töchtern, einem entsprechend großen Hauswesen und einer großen Zahl von Schutzbefohlenen stand Appius vor, blind und hochbetagt wie er war. Er hielt seinen Geist stets angespannt wie einen Bogen und überließ sich nicht der erschlaffenden Wirkung des Alters. Er verstand es, nicht nur sein persönliches Ansehen zu bewahren, sondern führte auch das Kommando über die Seinen. Die Sklaven fürchteten, die Kinder respektierten und alle liebten ihn. In seinem Haus herrschten Sitte und Zucht unserer Väter. So wird man nämlich im Alter geehrt, wenn man seine Selbstachtung wahrt und sein Recht behauptet, wenn man seine Vollmacht keinem anderen übertragen hat und bis zum letzten Atemzug der Herr im Hause ist. Denn wie ich einen jungen Menschen lobe, der etwas von einem alten an sich hat, so lobe ich mir einen Greis, an dem etwas von einem jungen ist. Wer sich daran hält, der kann körperlich ein Greis sein, geistig wird er es niemals sein. Ich habe das siebte Buch meiner *Origines*, meiner *Ursprungsgeschichten*, in Arbeit, ich sammle alle Zeugnisse der alten Zeit, jetzt arbeite ich gerade die Reden aller wichtigen Prozesse aus, die ich geführt habe, das Recht der Auguren, der *pontifices* und das bürgerliche Recht behandle ich, ausgiebig beschäftige ich mich auch mit griechischer Literatur. Und ich vergegenwärtige mir abends, um mein Gedächtnis zu trainieren, nach Art der Pythagoreer,[25] was ich an dem betreffenden Tag jeweils gesagt, gehört und getan habe. Das sind Übungen des Geistes, Wettläufe des Verstandes; wenn ich mich damit abmühe und anstrenge, habe ich keine besondere Sehnsucht nach körperlichen Kräften. Ich stehe meinen Freunden vor Gericht bei, besuche häufig die Senatssitzungen, leiste von mir aus Beiträge, die ich lange und reiflich erwogen habe, und ich vertrete sie mit den Kräften meines Geistes, nicht des Körpers. Und selbst wenn ich dazu nicht mehr imstande wäre, würde es mir doch Freude machen, auf meinem Bett zu liegen und eben das zu durchdenken, was ich nicht mehr tun könnte. Dass ich es aber noch kann, verdanke ich meiner früheren Lebensweise. Denn wer immer in solchen Beschäftigungen und Arbeiten lebt, merkt gar nicht, wann das Alter unbemerkt herankommt. So allmählich und unmerklich geht das Leben ins Greisenalter über und bricht dann nicht plötzlich ab, sondern erlischt mit der Länge der Zeit.

12

Es folgt der dritte Vorwurf gegen das Alter, nämlich die Behauptung, dass es die Sinnenfreuden entbehren muss. Was für ein herrliches Geschenk macht uns doch das Leben, wenn es uns das nimmt, was in der Jugend die schlimmste Quelle des Lasters ist! Hört doch, ihr redlichen jungen Männer, die altbekannten Worte des Archytas von Tarent[26], eines bedeutenden und hochberühmten Mannes. Sie wurden mir berichtet, als ich in jungen Jahren zusammen mit Quintus [Fabius] Maximus in Tarent war. Archytas behauptete, die Menschen hätten von der Natur keine andere so verheerende Pest mitbekommen wie die Lust; in gierigem Verlangen nach ihr ließen sie sich blindlings und hemmungslos dazu aufreizen, in ihren Genuss zu kommen. Oft liege hier die Ursache von Vaterlandsverrat, Aufruhr, heimlichen Absprachen mit den Feinden, kurzum, es gebe kein Verbrechen, keine Missetat, zu der das Verlangen nach der Lust nicht verführen könnte. Vergewaltigung, Ehebruch und jede Schandtat dieser Art seien auf keinen anderen Anreiz zurückzuführen als eben auf den der Lust. Und während dem Menschen, sei es von der Natur, sei es von Gott, nichts Besseres verliehen worden sei als der Verstand, sei doch dieser edlen Gabe der Götter nichts so feindlich wie die Lust. Wo nämlich die Begierde herrsche, sei für Selbstbeherrschung kein Platz mehr, noch könne sich überhaupt die Tugend im Reich der Lust behaupten. Um das noch klarer zu erkennen, forderte Archytas dazu auf, sich einen Menschen zu denken, der von der größten körperlichen Lust erfüllt sei, die man sich vorstellen könne; da werde, so meinte er, wohl jeder zugeben müssen, dass der Betreffende, solange er in einem solchen Genuss schwelge, zu keiner geistigen Beschäftigung imstande sei, dass er weder etwas überlegen noch einen vernünftigen Gedanken fassen könne. Deswegen sei nichts so sehr zu verabscheuen wie die Lust, zumal sie ja, zu intensiv und zu lange genossen, jeden Funken des Geistes völlig auslösche.

Das habe Archytas mit dem Samniten Gaius Pontius besprochen, dem Vater des Mannes, der die Konsuln Spurius Postumius und Titus Veturius in der Schlacht bei Caudium besiegt hatte. Der Tarentiner Nearchos, unser Gastfreund, der in freundschaftlicher Verbindung mit dem römischen Volk geblieben war, erklärte, es von Älteren gehört zu haben, wobei an dem Gespräch auch Platon aus Athen teilgenommen habe, der nach meinen Ermittlungen unter dem Konsulat des Lucius Camillus und Appius Claudius nach Tarent kam.

Wozu erzähle ich das? Damit ihr einseht, dass wir,

falls wir die Lust nicht ohnehin mit Hilfe von Vernunft und Wissen verschmähen, dem Alter äußerst dankbar sein müssten: Es bringt uns dazu, das nicht zu mögen, was uns nicht bekommt. Die Lust behindert ja die Überlegung, sie ist die Feindin der Vernunft, sie blendet sozusagen die Augen des Geistes, und sie meidet jeden Umgang mit der Tugend. Es fiel mir schwer, Lucius Flamininus, den Bruder des heldenhaften Titus Flamininus, sieben Jahre nach seinem Konsulat aus dem Senat auszustoßen, doch ich glaubte, seine hemmungslose Willkür rügen zu müssen.[27] Er ließ sich nämlich als Konsul in Gallien bei einem Gastmahl von einer Dirne durch Bitten dazu bewegen, einen der Männer enthaupten zu lassen, die sich nach ihrer Verurteilung wegen eines schweren Verbrechens in Haft befanden. Damals war er davongekommen: Sein Bruder Titus, mein unmittelbarer Vorgänger, war Zensor. Doch ich und Flaccus konnten eine Tat aus leidenschaftlicher Begierde, so schändlich und verwerflich wie sie war, keinesfalls durchgehen lassen, da sie ja mit der persönlichen Schmach auch noch die Entehrung des Amtes verband.

13

Oft hörte ich von Älteren, die sagten, sie hätten es als Kinder ihrerseits wieder von alten Leuten gehört: Gaius Fabricius habe sich immer wieder gewundert über das, was er als Gesandter bei König Pyrrhos von dem Thessalier Kineas hörte. Es gebe in Athen einen Mann, der mit dem Anspruch eines Weisen auftrete und behaupte, wir müssten die Sinnenlust zum Maßstab allen Handelns machen.[28] Manius Curius und Titus Coruncanius hätten sich, wenn sie das von ihm hörten, immer gewünscht, das solle man den Samniten und dem Pyrrhos selbst einreden, da sie doch als Sklaven der Lust umso leichter zu besiegen seien. Manius Curius hatte noch Publius Decius erlebt, der sich fünf Jahre vor dessen Konsulat, selbst zum vierten Mal Konsul, für die Rettung des Staates dem Tod geweiht hatte. Ihn kannten auch noch Fabricius und Coruncanius. Diese Männer waren sowohl aus ihrer eigenen Lebensauffassung heraus als auch angesichts der Heldentat des eben genannten Decius der Überzeugung, es gebe mit Sicherheit von Natur aus etwas Schönes und Herrliches, das um seiner selbst willen begehrt werde und nach dem gerade die Besten strebten, während sie die Lust verschmähten und verachteten.

Wozu hier so viele Worte über die Lust? Weil es nicht nur kein Vorwurf gegen das Alter, sondern sogar sein höchster Ruhmestitel ist, dass es kein besonderes Verlangen nach den Sinnenfreuden mehr hat.

›Es kennt keine Festmähler, keine reichgedeckten Tische und keine immer wieder gefüllten Pokale.‹ So kennt es auch keine Trunkenheit, keinen verdorbenen Magen und keine Schlaflosigkeit. Doch wenn man der Lust schon ein kleines Quantum zubilligen muss, da man ihren Lockungen ja nicht leicht widersteht – wahrhaft treffend bezeichnet ja Platon die Lust als Köder des Bösen, da sich die Menschen wie die Fische von ihr fangen lassen –, dann kennt das Alter zwar keine unmäßigen Gelage, an bescheidenen Gastmählern kann es aber doch seine Freude haben. Ich sah als Kind oft, wie Gaius Duellius, der Sohn des Marcus, der als erster eine Seeschlacht gegen die Karthager gewonnen hatte, als alter Mann des Abends von einem Mahl nach Hause ging. Er hatte seine Freude am Licht der Fackeln und an der Musik des Flötenspielers, eine Begleitung, die er sich als Privatmann leistete, ohne dass es ein Vorbild dafür gab; so viel Freizügigkeit erlaubte ihm sein Ruhm.

Aber was rede ich von anderen? Ich will wieder auf mich selbst zurückkommen. Schon von Anfang an hatte ich immer Tischgenossen. Die Vereine der Tischgenossenschaften aber wurden eingerichtet, als ich Quaestor war und der Kult der Großen Mutter vom Ida bei uns Aufnahme fand.[29] Ich speiste also mit den Tischgenossen im ganzen mäßig, doch unserem damaligen Alter entsprechend noch mit etwas jugendlichem Feuer. Mit fortschreitendem Alter mildert sich dann alles von Tag zu Tag. Bei den Gastmählern selbst bestand für mich das Vergnügen weniger in den leiblichen Genüssen als im Zusammensein mit den Freunden und den Gesprächen. Treffend haben nämlich unsere Vorfahren die Tischgesellschaft von Freunden, da sie eine Gemeinsamkeit des Lebens mit sich bringe, als »Zusammenleben« bezeichnet; sie trafen es damit besser als die Griechen, die dasselbe teils Trink-, teils Mahlgemeinschaft nennen.[30] Dabei sieht es so aus, als würden sie etwas, was hierbei doch am wenigsten eine Rolle spielt, als das Wichtigste ansehen.

14

Wegen der Freude am Gespräch genieße ich aber auch früher am Tag beginnende Mahlzeiten, und zwar nicht nur mit Altersgenossen, von denen nur ganz wenige noch übrig sind, sondern auch mit Angehörigen eurer Generation und mit euch; dabei bin ich dem Alter sehr dankbar, dass es mein Verlangen nach Gesprächen zunehmen, das nach Essen und Trinken aber abnehmen ließ. Wenn jemand aber auch daran Freude hat – es soll nicht so aussehen, als hätte ich der Lust, von der doch wohl ein gewisses Maß ganz natürlich ist, gänzlich den Krieg erklärt –, dann kann ich nicht einsehen, dass das Alter gerade für diese Genüsse gar keinen Sinn mehr haben soll. Ich jedenfalls habe Freude an der Rolle des Vorsitzenden beim Gastmahl – ein Brauch, den unsere Vorfahren eingerichtet haben – und an Reden, die man gemäß der Sitte der Vorfahren der Reihe nach beim Zechen hält, und an den Bechern, die klein sind und uns mit Wein beträufeln, wie es in Xenophons *Gastmahl* heißt, und ich erfreue mich an der Abkühlung im Sommer und umgekehrt an der Sonnenwärme oder am Herdfeuer im Winter. All das genieße ich auch auf meinem Landgut im Sabinerland und lade mir jeden Tag Nachbarn ein zu einem geselligen Mahl, das wir, solange wir können, unter vielerlei Gesprächen bis in die tiefe Nacht ausdehnen.

›Aber es gibt bei alten Menschen keinen so starken, sagen wir einmal, Kitzel der Lust mehr.‹ Das glaube ich, doch man hat auch kein Verlangen mehr danach. Man leidet aber nicht unter dem, was man nicht vermisst. Treffend bemerkte Sophokles, als ihn in bereits vorgerücktem Alter jemand fragte, ob er noch Liebesfreuden genieße: »Gott bewahre! Ich bin froh, dass ich dem wie einem rohen und rasenden Herrn entronnen bin!«[31] Die Leute, die auf solche Dinge erpicht sind, finden vielleicht Ärger und Verdruss daran, sie zu entbehren, wer aber sein Verlangen befriedigt und gesättigt hat, für den ist der Verzicht angenehmer als der Genuss. Wer kein Verlangen fühlt, spürt ja auch keinen Verlust. Folglich kann ich sagen, dieses Fehlen des Verlangens sei angenehmer als der Genuss.

Wenn man nun aber gerade diese Freuden der Lust in guten Jahren besonders genießt, so genießt man erstens, wie ich schon sagte, Dinge, die nicht viel bedeuten und die man zweitens auch im Alter zwar nicht gerade im Überfluss hat, aber doch nicht ganz und gar entbehren muss. Zwar wird ein Ambivius Turpio[32] den mehr erfreuen, der als Zuschauer im Theater in der ersten Reihe sitzt, aber auch in der hintersten Reihe kann man sich noch an ihm freuen.

So hat man in der Jugend vielleicht mehr Spaß, weil man die Genüsse aus nächster Nähe erlebt, doch auch im Alter, wenn man sie aus der Ferne betrachtet, kann man noch genügend Freude daran haben.

Doch wie viel mehr wert ist es, wenn man die Kämpfe der Sinnenlust, des Ehrgeizes, der Rivalitäten, der Feindschaften und sämtlicher Begierden sozusagen abgeleistet hat, der Geist sich selbst gehört und, wie man sagt, sein eigener Herr ist! Findet er dann noch gleichsam Nahrung in einer wissenschaftlichen Beschäftigung, dann gibt es nichts Angenehmeres als ein Alter in voller Muße. Wir haben Gaius Galus, den Freund deines Vaters, Scipio, erlebt, wie er sich geradezu umbrachte in seinem Eifer, beinahe den ganzen Himmel und die Erde auszumessen. Wie oft hat ihn das Licht des Tages überrascht, wenn er bei Nacht begonnen hatte, etwas aufzuzeichnen, oder wenn er frühmorgens damit angefangen hatte, brach über ihn die Nacht herein! Wie freute es ihn, uns schon lange vorher die Finsternisse von Sonne und Mond vorauszusagen! Und wie steht es mit den weniger anspruchsvollen Beschäftigungen, die aber doch einen wachen Geist erfordern? Was hatte Naevius Freude an seinem Epos, dem *Punischen Krieg*, Plautus an seinen Komödien, am *Pseudolus*, an seinem *Truculentus*! Ich habe auch den alten Livius Andronicus noch erlebt. Er hatte schon sechs Jahre vor meiner Geburt unter dem Konsulat des Cento und

Tuditanus ein Theaterstück aufgeführt und lebte dann noch bis in meine jüngeren Jahre hinein. Was soll ich von der eifrigen Beschäftigung des Publius Licinius Crassus mit dem Recht der Priester und dem bürgerlichen Recht sprechen oder von der unseres Publius Scipio, der gerade vor wenigen Tagen Oberpriester geworden ist? Bei ihnen allen, die ich erwähnte, konnten wir sehen, wie sie diese Beschäftigungen noch im Alter mit brennendem Eifer betrieben. Marcus Cethegus aber, den Ennius zu Recht »das Mark der Überredungskunst« nannte – wir sahen es ja, wie er sich mit leidenschaftlichem Einsatz noch im Alter in der Redekunst übte! Welche Genüsse bei Gastmählern, Spielen oder mit Dirnen sind mit solchen Freuden zu vergleichen? Und das sind gelehrte Beschäftigungen, die doch bei klugen und gebildeten Menschen mit dem Alter an Wert gewinnen, so wie es Solon würdig ausdrückt in dem schon erwähnten kleinen Vers, er werde älter und lerne dabei Tag für Tag noch viel Neues hinzu – gewiss die größte Geistesfreude, die es geben kann.

15

Ich komme jetzt zu den Freuden der Landwirtschaft, woran ich unglaubliches Vergnügen finde; sie werden einerseits in keiner Weise durch das Alter beeinträchtigt und entsprechen andererseits, wie mir scheint, dem Leben eines Weisen am meisten. Man hat dabei nämlich die Erde als Vertragspartner, die sich niemals einem Gebot verweigert und niemals ohne Verzinsung das zurückgibt, was sie empfangen hat, manchmal freilich mit geringerem, zumeist jedoch mit höherem Gewinn. Ich finde indessen nicht nur Freude am Ertrag, sondern auch am schöpferischen Wesen und an der Natur der Erde selbst. Wenn sie den ausgestreuten Samen in ihren gelockerten, vom Pflug aufgebrochenen Schoß aufgenommen hat, hält sie ihn zunächst in Dunkelheit verhüllt; davon kommt das Wort für das Eggen, mit dem man das erreicht.[33] Umschlossen von ihrem warmen Dunst lässt die Erde den Samen dann aufquellen und lockt aus ihm aufsprießendes Grün hervor, das, durch die Wurzelfasern gestützt, allmählich größer wird, mit knotigem Halm in die Höhe wächst und sich, wenn es gleichsam erwachsen wird, in Hülsen einschließt. Wenn es aus ihnen zum

Zum stillen Gedenken im Gebete an

Frau Emilie Siekiera

* 23. 6. 1907 † 4. 9. 1989

So ruhe nun in Gottes Frieden
Du liebes gutes Mutterherz!
Du schlugst für uns so warm hienieden
So treu, in Freuden wie im Schmerz.
Gott lohne Dir's mit Himmelswonne,
Was Du den Deinen Gut's getan.
Denk unser auch vor Jesu Throne,
Wo Lieb' noch mehr erbitten kann.

O Herr, gib ihr die ewige Ruhe!

Vorschein kommt, bringt es die Frucht in der regelmäßig angeordneten Form der Ähre hervor und schützt sich gegen die Schnäbel kleinerer Vögel mit einer Schutzwehr von Grannen. Was soll ich das Anpflanzen, das Werden und Wachsen von Weinstöcken erwähnen? Ich kann mich nicht genug daran freuen – so könnt ihr euch ein Bild machen von dem erholsamen Vergnügen meiner alten Tage. Ich spreche dabei gar nicht eigens von der besonderen Kraft, die alles aus der Erde hervortreibt. Erzeugt sie doch aus einem so winzigen Feigen- oder Traubenkern und aus den kleinsten Samen der übrigen Früchte und Gewächse so große Stämme und Äste. Die Setzlinge, Reiser, Schösslinge, Ableger und Stecklinge – lassen sie da nicht etwas entstehen, was jeden mit Bewunderung und Freude erfüllt? Die Rebe jedenfalls, die sich ja von Natur aus nach unten senkt und, wenn sie nicht gestützt wird, zur Erde neigt, umschlingt, damit sie sich aufrichten kann, mit ihren Ranken wie mit Händen alles, was sie erreicht. Wenn sie sich dann in vielfachen Windungen hin und her schlängelt, beschneidet sie der Winzer kunstreich mit dem Messer und bändigt sie, damit sie nicht mit ihren Austrieben verholzt und im Übermaß nach allen Seiten hin wuchert. So tritt, wenn der Frühling kommt, an dem, was man stehen ließ, gleichsam an den Gelenken der Reiser, das sogenannte Auge hervor. Aus ihm entwickelt sich die

Traube, die durch die Feuchtigkeit der Erde und die Wärme der Sonne wächst. Anfangs hat sie einen recht herben Geschmack, dann reift sie und wird süß, umkleidet sich mit Weinlaub und hat so einerseits die richtige Wärme, schützt sich aber andererseits vor der übermäßigen Glut der Sonne. Gibt es einen köstlicheren Genuss, einen schöneren Anblick als sie?

Aber nicht nur der Nutzen erfreut mich am Weinstock, wie ich vorhin sagte, sondern auch sein Anbau und sein Wachstum, die regelmäßige Anordnung der Stützpfähle, die Querverbindung am oberen Teil, das Anbinden und das Weiterziehen der Reben, das zuvor erwähnte Beschneiden der einen Reiser und das Wachsenlassen der anderen. Was soll ich das Bewässern, das Hacken und Umgraben des Ackers anführen, wodurch die Erde noch viel fruchtbarer wird? Was soll ich vom Nutzen des Düngens reden? Das habe ich ja alles in meinem Buch behandelt, das ich über die Landwirtschaft geschrieben habe. Darüber hat Hesiod, obwohl ein Kenner, kein Wort verloren, als er über den Ackerbau schrieb. Homer jedoch, der, wie ich glaube, viele Menschenalter früher lebte, stellt Laertes dar, wie er die Sehnsucht nach seinem Sohn lindert, indem er den Acker bestellt und düngt.[34] Die Landwirtschaft erfreut uns aber nicht nur mit Saatfeldern, Wiesen, Weinbergen und Baumpflanzungen, sondern auch durch Gemüse- und

Obstgärten, sodann durch Weidevieh und Bienenvölker und die bunte Vielfalt aller Blumen. Freude bereitet nicht nur das Säen und Pflanzen, sondern auch das Pfropfen, die sinnreichste Erfindung in der Landwirtschaft.

16

Ich könnte noch sehr viel Genussreiches beim Leben und Arbeiten auf dem Land anführen, aber ich merke, dass schon das, was ich gesagt habe, zu lang geraten ist. Ihr werdet es mir aber zugute halten, denn ich habe mich einmal von der Begeisterung für die Landwirtschaft hinreißen lassen, zum andern aber ist man im Alter von Natur aus redseliger; es soll ja nicht so aussehen, als wollte ich es von allen Fehlern freisprechen. So hat denn Manius Curius, nachdem er Triumphe über die Samniten, die Sabiner und über Pyrrhos gefeiert hatte, auf diese Weise seinen Lebensabend verbracht. Sooft ich sein Landhaus betrachte – es ist von meinem ja nicht weit entfernt –, kann ich die Genügsamkeit dieses Mannes und die Sittenstrenge seiner Zeit gar nicht genug bewundern. Curius saß gerade am Herd,[35] als die Samniten kamen und ihm eine große Menge Gold brachten. Er aber wies sie ab mit der Begründung, nicht der Besitz von Gold scheine ihm ehrenvoll, sondern die Herrschaft über die Besitzer des Goldes. Er musste bei einer solch hohen Gesinnung das Alter doch erfreulich finden! Ich komme immer wieder auf die Bauern zurück, um in meiner eigenen Umwelt zu bleiben. Die

Senatoren, das heißt betagte Männer,[36] lebten damals auf dem Land. So erhielt ja Lucius Quinctius Cincinnatus beim Pflügen die Nachricht, er sei zum Diktator ernannt worden. Auf den Befehl dieses Diktators ergriff und tötete Gaius Servilius Ahala als Befehlshaber der Reiterei den Spurius Maelius, der nach der Königsherrschaft strebte. Man holte Curius und andere betagte Männer von ihren Landhäusern in den Senat, daher bezeichnete man diejenigen, die sie herbeiholten, als Landboten. War nun etwa das Alter dieser Männer, die sich am Ackerbau erfreuten, beklagenswert? Meiner Meinung nach kann es kaum etwas Beglückenderes geben, nicht nur hinsichtlich der Pflichterfüllung, weil der Ackerbau dem ganzen Menschengeschlecht zugute kommt, sondern auch wegen des schon erwähnten Genusses, den man daran hat, und der reichen Fülle aller Dinge, die zum Lebensunterhalt der Menschen, aber auch zum Dienst an den Göttern gehören. So können wir uns, was sich doch manche wünschen, auch mit dem Genießen wieder aussöhnen.

Bei einem tüchtigen und fleißigen Gutsherrn ist ja der Wein-, der Öl- und auch der Vorratskeller immer wohlgefüllt und das ganze Landgut reichlich ausgestattet. Da gibt es alles in Fülle: Schweine, Ziegen, Lämmer, Hühner, Käse, Milch und Honig. Den Garten nennen die Bauern selbst gar die zweite Speckseite. Zusätzliche Beschäftigungen wie Vogelfang und

Jagd machen noch einen zusätzlichen Reiz des Landlebens aus.

Was soll ich noch weiter vom Grün der Wiesen, von der Ordnung der Baumreihen, vom wohltuenden Anblick der Weinberge und Ölbaumhaine reden? Ich will es kurz machen: Es kann nichts Nützlicheres und nichts Schöneres geben als ein wohlbestelltes Land. Sich daran zu erfreuen, hindert uns das Alter nicht, ja, es lädt uns sogar verlockend dazu ein. Wo könnte man sich denn in diesem Lebensalter besser erwärmen als an der Sonne oder am Herdfeuer und sich umgekehrt gesünder erfrischen als im Schatten und am Wasser? Ich gönne den jungen Leuten ihre Waffen, Pferde, Lanzen, die Keule und den Ball, ihre Übungen im Schwimmen und im Laufen, wenn man uns Alten von so viel Spielen nur das Würfel- und das Brettspiel lässt, und selbst von diesen beiden, wenn sie wollen, nur eines: Man kann schließlich im Alter auch ohne das glücklich sein.

17

Für viele Zwecke sind die Schriften Xenophons von großem Nutzen; lest sie bitte eifrig, wie ihr es ja schon tut. Mit welch reicher Fülle an Gedanken preist er die Landwirtschaft in seiner Schrift mit dem Titel *Oikonomikós*, die von der Sorge für das Hauswesen handelt. Und dass in seinen Augen nichts so königlich ist wie die Sorge für den Landbau, das sollt ihr an dem Gespräch erkennen, das Sokrates in diesem Buch mit Kritobulos führt: Zu Kyros dem Jüngeren, dem Perserprinzen von hohem Geist und Herrscherruhm, kam einmal der Spartaner Lysander, ein Mann von überragender Tapferkeit, nach Sardes und brachte ihm Geschenke von den Bundesgenossen. Kyros, der auch sonst freundlich und liebenswürdig zu Lysander war, zeigte ihm noch ein Stück Land, das eingezäunt und sorgfältig bestellt war. Lysander staunte über den hohen Wuchs der Bäume und die kreuzweise gepflanzten Baumreihen, über den durchgearbeiteten und reinen Boden und die süßen Düfte, die die Blumen verströmten, und sagte zu Kyros, er wundere sich nicht nur über die Sorgfalt, sondern auch über die Kunstfertigkeit desjenigen, der das alles abgemessen und angelegt habe. Und

Kyros erwiderte darauf: »Aber das habe ich doch alles abgemessen, von mir stammen die Baumreihen, von mir die regelmäßige Anordnung, viele von diesen Bäumen sind von mir mit eigener Hand gepflanzt.« Da blickte Lysander auf das Purpurgewand des Kyros, seine glanzvolle Erscheinung und die persische Tracht mit ihrem vielen Gold und ihren vielen Edelsteinen und sagte: »Ja, Kyros, man nennt dich zu Recht glücklich, da sich dein Glück mit Tüchtigkeit verbindet.«[37]

Dieses Glück zu genießen steht alten Menschen also frei, und unsere Jahre hindern uns nicht, am Eifer für so mancherlei Beschäftigungen, besonders aber für die Landwirtschaft, festzuhalten, bis in die letzte Zeit unseres Alters. Marcus Valerius Corvinus ist dieser Vorliebe, wie wir vernommen haben, bis zum hundertsten Jahr treu geblieben, da er, nachdem sein Leben eigentlich schon vollendet war, auf dem Land lebte und es bewirtschaftete. Es lagen sechsundvierzig Jahre zwischen seinem ersten und seinem sechsten Konsulat. Seine Ämterlaufbahn umfasste also einen so langen Zeitraum, wie er nach der Vorstellung unserer Vorfahren bis zum Beginn des Greisenalters vergehen sollte.[38] Und im höchsten Alter war er noch glücklicher als in seinen mittleren Jahren, da er mehr Ansehen, aber weniger Mühe und Plage hatte.

Die Krönung des Alters aber ist das Ansehen. Wie

groß war das bei Lucius Caecilius Metellus, wie groß bei Aulus Atilius Calatinus. Ihm ist ja die bekannte Grabinschrift gewidmet:

> »Dass dieser eine der erste Mann seines Volkes war, darin stimmen die meisten Völker überein.«

Man kennt das ganze Gedicht, das auf dem Grabmal eingemeißelt ist. Mit Recht ist also der angesehen, den alle einstimmig gelobt haben. Welch eine Persönlichkeit haben wir jüngst mit Publius Crassus [Dives], dem Oberpriester, erlebt, welche danach mit Marcus Lepidus, der das gleiche Priesteramt innehatte! Was soll ich noch von Paulus oder Africanus reden oder wie vorher schon von Fabius Maximus? Nicht nur in ihrer Meinungsäußerung, schon in ihrer bloßen Gebärde zeigte sich ihre Autorität. Zumal wer Ämter bekleidet hat, besitzt im Alter solche Autorität, dass sie mehr wert ist als alle Genüsse der Jugend.

18

Bei all dem, was ich sage, sollt ihr aber daran denken, dass ich ein Alter lobe, das auf Fundamenten ruht, die in der Jugend gelegt wurden. Daraus ergibt sich das, was ich einmal unter lebhafter Zustimmung aller sagte: Ein Alter, das sich mit bloßen Worten seine Stellung sichern muss, ist beklagenswert. Mit grauen Haaren und Runzeln kann man sich nicht von jetzt auf eben Ansehen verschaffen, vielmehr erntet ein schon früher in Ehren geführtes Leben am Ende das Ansehen als seine Früchte. Gerade die Dinge nämlich, die scheinbar unwichtig und alltäglich sind, bedeuten eine Ehre. Dass man uns grüßt und uns die Hand küsst, uns Platz macht und vor uns aufsteht, dass man uns von zu Hause abholt und nach Hause begleitet und uns um Rat fragt: Das sind alles Bräuche, die bei uns und in anderen Staaten umso sorgfältiger beachtet werden, je besser dort die Gesittung ist. Der Spartaner Lysander, den ich vorhin erwähnte, soll gesagt haben, Sparta sei für alte Menschen der ehrenvollste Wohnort. Nirgendwo wird nämlich dem Alter so viel Respekt erwiesen, nirgendwo wird es mehr geehrt. Es wird ja sogar folgendes überliefert: In Athen kam ein hochbetagter Besucher zu den

Festspielen ins Theater, und ihm wurde in der ganzen großen Versammlung von seinen Mitbürgern nirgendwo ein Platz freigemacht. Als er aber zu den Spartanern kam, die als Gesandte auf reservierten Plätzen saßen, da erhoben diese sich allesamt und ließen den Greis Platz nehmen. Als ihnen vom ganzen Publikum vielfach Beifall gespendet wurde, sagte einer von ihnen, die Athener wüssten zwar, was sich gehört, sie seien aber nicht bereit, es auch zu tun.

In eurem Augurenkollegium ist vieles großartig eingerichtet, aber das, was wir hier behandeln, ganz besonders, dass nämlich jeweils der Ältere den Vorrang bei der Stimmabgabe besitzt und dass ältere Auguren nicht nur denen vorangehen, deren Amt von höherem Rang ist, sondern auch Inhabern der höchsten Befehlsgewalt. Welche leiblichen Genüsse sind da mit den Vorzügen des Ansehens zu vergleichen? Wer sie in Glanz und Ehre genossen hat, der hat, wie mir scheint, die Rolle seines Lebens erfolgreich bis zum Ende gespielt und ist nicht wie ein ungeübter Schauspieler im letzten Akt zusammengebrochen.

›Aber die Alten sind mürrisch, misstrauisch, jähzornig und verdrießlich.‹ Sie sind, wenn wir noch weiter suchen wollen, auch geizig. Aber das sind Fehler des Charakters, nicht des Alters. Doch gibt es für das mürrische Wesen und die genannten Fehler eine Art von Entschuldigung, zwar keine, die sie rechtfertigt, aber eine, die man in gewisser Weise gelten lassen kann. Diese Alten fühlen sich nämlich geringgeschätzt, verachtet und verspottet. Außerdem ruft bei einem gebrechlichen Körper jeder Anstoß Verärgerung hervor. Das alles wird indessen gemildert durch gute Sitten und ein gebildetes Benehmen. Das kann man im Leben wie auch auf der Bühne sehen, und zwar an den beiden Brüdern in den *Adelphen*.[39] Wie griesgrämig ist der eine, wie freundlich der andere! Ja, so ist es eben: Wie nicht jeder Wein durch das Alter sauer wird, so wird es auch nicht jeder Charakter. Strenge im Alter lasse ich mir gefallen, doch wie bei anderen Dingen nur in Maßen, ein verbittertes Wesen billige ich keinesfalls. Was aber Geiz im Alter soll, das begreife ich nicht. Was kann denn unsinniger sein, als umso mehr Reisegeld haben zu wollen, je kürzer der Reiseweg ist?

19

Es bleibt der vierte Punkt, der Menschen unseres Alters am meisten zu ängstigen und zu beunruhigen scheint: das Nahen des Todes, der im Alter gewiss nicht weit entfernt sein kann. Wie bedauernswert ist aber doch ein alter Mensch, wenn er in einem so langen Leben nicht erkannt hat, dass man sich über den Tod keine besonderen Gedanken machen muss! Denn entweder kann er uns ganz gleichgültig sein, wenn er nämlich die Seele völlig auslöscht, oder er ist sogar zu wünschen, wenn er die Seele an einen Ort führt, wo ihr ewiges Leben beschieden ist. Eine dritte Möglichkeit ist doch gewiss nicht ausfindig zu machen.[40] Was soll ich also fürchten, wenn es mir bestimmt ist, nach dem Tod entweder nicht unglücklich oder sogar glückselig zu sein? Wer aber, selbst ein noch so Junger, kann so töricht sein, felsenfest zu glauben, er werde bis zum Abend leben? In dieser Altersstufe gibt es sogar noch viel mehr Todesfälle als in der unseren.[41] Junge Leute werden leichter krank, ihre Krankheiten sind schwerer, und ihre Behandlung führt eher zu Niedergeschlagenheit. Deswegen erreichen nur wenige das Greisenalter. Wenn das nicht so wäre, dann ginge es im Leben besser zu und vernünftiger. Denn Vernunft, Klugheit und guter Rat, das findet sich bei den Greisen; wären sie nicht gewesen, hätten die Staaten gar keinen Bestand gehabt. Doch ich komme auf den drohend bevorstehenden Tod zurück. Wie kann man dem Alter anlasten, was es doch, wie ihr seht, mit der Jugend gemeinsam hat? Ich habe es bei meinem tüchtigen Sohn erlebt, du, Scipio, bei deinen Brüdern, die man schon in Ämtern von höchstem Rang sah: Der Tod ist allen Altersstufen gemeinsam. ›Ein junger Mensch hofft aber, noch lange zu leben, was ein Greis nicht ebenso erhoffen kann.‹ Da hofft er aber reichlich unüberlegt. Was ist denn unvernünftiger, als Ungewisses für gewiss und Falsches für wahr zu halten? ›Ein alter Mensch hat aber nicht einmal etwas, worauf er hoffen kann.‹ Er ist aber doch besser dran als der Junge: Der Alte hat das schon erreicht, was sich der Junge nur erhofft. Der eine will lange leben, der andere hat schon lange gelebt. Freilich, ihr guten Götter, was heißt im Menschenleben schon lange? Angenommen, dass wir im Höchstfall die Lebenszeit des Königs von Tartessos erwarten können – es lebte nämlich, wie ich gelesen habe, in Gades ein gewisser Arganthonios, der achtzig Jahre regierte und hundertzwanzig Jahre lang lebte. Mir scheint jedoch überhaupt nichts lang, bei dem es ein Ende gibt. Wenn das nämlich herangekommen ist, dann ist das Vergangene dahin. Es bleibt nur so viel übrig, wie man durch Tüchtigkeit und rechtes Handeln erreicht hat. Die Stunden und Tage, die Monate und Jahre verrinnen, die vergangene Zeit kehrt nie zurück, und was noch kommt, kann man nicht wissen. Man muss jeweils mit dem zufrieden sein, was einem an Zeit zum Leben vergönnt ist. Ein Schauspieler muss ja auch nicht bis zum Ende des Stückes auf der Bühne stehen, um zu gefallen, wenn er nur in dem Akt, in dem er auftritt, Beifall findet. Ebenso wenig hat es ein Weiser nötig, bis zum Schlussapplaus zu kommen. Denn für ein gutes und anständiges Leben ist auch eine kurze Lebensdauer lang genug. Wenn es aber doch länger dauert, braucht man dies nicht mehr zu bedauern, als etwa ein Bauer es bedauert, dass auf die holde Frühlingszeit Sommer und Herbst gefolgt sind. Der Frühling nämlich bedeutet gewissermaßen die Jugend und verheißt künftige Früchte, die übrigen Jahreszeiten aber sind zum Ernten und Einbringen der Früchte da. Die Frucht des Alters aber ist, wie ich schon oft gesagt habe, die Erinnerung an das früher erworbene Gute in all seiner Fülle.

Dem Guten aber ist alles zuzurechnen, was der Natur gemäß ist. Was ist aber so naturgemäß wie das Sterben alter Menschen? Bei den Jungen geschieht das im Widerspruch und Gegensatz zur Natur. Das Sterben junger Menschen kommt mir daher vor, als ob die Gewalt der Flamme von der Flut des Wassers erstickt wird, das der Alten aber so, wie wenn ein

Feuer, das sich aufgezehrt hat, ohne äußere Gewalt von selbst erlischt. Und wie das Obst sich, wenn es noch unreif ist, kaum vom Baum abreißen lässt, wenn es voll ausgereift ist, aber von selbst abfällt, so nimmt den jungen Menschen Gewalt das Leben, den alten aber die Reife. Und sie ist mir freilich so angenehm, dass, je näher ich dem Tode komme, ich umso mehr den Eindruck habe, ich sehe gleichsam Land und komme nach langer Seefahrt endlich in den Hafen.

20

Dem Alter aber ist keine bestimmte Grenze gesetzt, und man lebt in ihm richtig, solange man imstande ist, seine Aufgaben pflichtgemäß zu erfüllen und für sich zu sorgen, ohne sich dabei um den Tod zu bekümmern. Daher kommt es, dass die Alten sogar noch beherzter und tapferer sind als die Jungen. Das ist der Sinn der Antwort, die Solon dem Tyrannen Peisistratos gab. Als der ihn fragte, worauf er sich denn in seinem kühnen Widerstand ihm gegenüber stütze, soll er geantwortet haben: »Auf mein Alter.« Ein Leben findet aber dann das beste Ende, wenn, solange man noch bei klarem Verstand ist und seine Sinne beisammen hat, die Natur selbst, die ihr Werk zusammengefügt hat, es auch wieder auflöst. Wie ein Schiff, wie ein Gebäude am leichtesten von dem, der es gebaut hat, auch wieder abgebaut wird, so löst den Menschen am besten die Natur, die ihn zusammenfügte, auch wieder auf. Nun wird ja alles neu Zusammengeleimte nur mit Mühe, das Altgewordene jedoch mit Leichtigkeit wieder getrennt. Daraus folgt, dass alte Menschen sich weder gierig an jenen kurzen Lebensrest klammern noch ihn ohne Grund aufgeben dürfen. Pythagoras verbietet auch, ohne Befehl des Feldherrn, das heißt Gottes, von seinem Posten und Standort im Leben zu weichen.[42] Es gibt ein Gedicht des weisen Solon, worin er erklärt, er wolle nicht sterben, ohne dass seine Freunde Schmerz empfänden und um ihn klagten. Er will, so glaube ich, den Seinen teuer sein. Vielleicht sind aber die Worte des Ennius besser:

> »Niemand zolle mir Tränen, und keiner bestatte mich klagend.«

Er meint, man solle einen Tod nicht betrauern, auf den die Unsterblichkeit folgt.

Nun gibt es möglicherweise irgendeine Empfindung beim Sterben, aber doch nur für kurze Zeit, zumal bei einem alten Menschen; nach dem Tod jedoch gibt es entweder nur eine wünschenswerte Empfindung oder gar keine. Man sollte sich aber von Jugend auf darauf einstellen, sich keine Gedanken um den Tod zu machen, sonst kann niemand im Innern ruhig sein. Denn sterben muss man, das ist gewiss, ungewiss ist nur, ob man es nicht bereits am heutigen Tage muss. Wie könnte also jemand innerlich gefestigt sein, wenn er sich vor dem Tod fürchtet, der zu jeder Stunde droht?

Darüber muss man wohl gar nicht lange diskutieren; ich brauche dabei nicht an Lucius Brutus zu denken, der bei der Befreiung des Vaterlandes den

Tod fand, nicht an die beiden Decier, die ihren Pferden zum Ritt in den selbstgewählten Tod die Sporen gaben, nicht an Marcus Atilius [Regulus], der sich auf den Weg zu seiner Hinrichtung machte, um sein dem Feind gegebenes Wort zu halten, nicht an die beiden Scipionen, die den Puniern selbst mit ihren Leibern den Weg versperren wollten, nicht an deinen Großvater Lucius Paulus, der für die Unbesonnenheit seines Kollegen bei der Schmach von Cannae mit dem Tod büßte, nicht an Marcus Marcellus, dem nicht einmal der grausamste Feind nach seinem Tode die Ehre der Bestattung versagte, ich denke vielmehr daran, dass unsere Legionen, wie ich in meinen *Ursprungsgeschichten* schrieb, sich voller Mut und Begeisterung zu einem Ort aufmachten, von dem sie sich keine Rückkehr erwarten konnten. Was also junge Menschen, und zwar nicht nur solche ohne höhere Bildung, sondern sogar einfache Bauern, verachten, davor sollen sich gelehrte Greise fürchten? Überhaupt bringt, jedenfalls nach meinem Eindruck, die Sättigung sämtlicher Wünsche und Neigungen auch das Gefühl mit sich, vom Leben gesättigt zu sein. Es gibt bestimmte Neigungen des Kindesalters. Sind sie etwa den jungen Leuten noch wichtig? Es gibt Vorlieben der frühen Jugend. Vermisst man sie etwa im reiferen Alter, in den sogenannten mittleren Jahren? Es gibt auch Neigungen dieser Altersstufe. Selbst nach denen verlangt man nicht mehr im Alter. Dann gibt es schließlich bestimmte Liebhabereien des Alters. Doch wie die Neigungen früherer Altersstufen, so werden auch die des Greisenalters hinfällig. Wenn das geschieht, dann bringt eine Lebenssattheit die Zeit mit sich, die reif ist für den Tod.

21

Ich sehe nicht ein, warum ich es mir nicht erlauben sollte, euch meine eigene Ansicht über den Tod vorzutragen, meine ich doch, ich erkenne ihn umso klarer, je näher ich ihm komme. Was eure Väter betrifft, Scipio und Laelius, hochberühmte Männer und mir eng befreundet, so glaube ich, dass sie leben, und zwar in dem Sinne, der allein als Leben zu bezeichnen ist. Solange wir nämlich im Gefüge unseres Körpers eingeschlossen sind, erfüllen wir gewissermaßen eine notwendige Aufgabe und leisten eine schwere Arbeit. Die Seele, die vom Himmel stammt, ist ja von ihrem Wohnsitz hoch droben verdrängt und gleichsam auf die Erde hinabgesunken, an einen Ort, der geradezu der Gegenpol ihrer göttlichen und ewigen Natur ist. Aber die unsterblichen Götter haben, wie ich glaube, die Seelen in menschliche Körper eingepflanzt, damit es Wesen gibt, die die Länder der Erde in ihre Obhut nehmen und im Blick auf die Ordnung der himmlischen Welt in einem Leben mit Maß und Ziel und festen Grundsätzen diese Ordnung nachbilden.[43] Zu dieser Überzeugung brachten mich nicht nur eigenes Nachdenken und Erörtern, sondern auch der Ruhm der bedeutendsten Philosophen und die Autorität ihrer Lehrmeinungen. Wie ich hörte, haben Pythagoras und die Pythagoreer – beinahe Landsleute von uns, da sie einst als italische Philosophen bezeichnet wurden – nie daran gezweifelt, dass wir Seelen hätten, die aus der göttlichen Weltseele stammen. Man wies mich außerdem auf das hin, was Sokrates – er, nach dem Orakel Apollons doch der Weiseste von allen – am letzten Tag seines Lebens über die Unsterblichkeit der Seele gelehrt hat. Was soll ich noch viele Worte machen? Das ist meine Überzeugung, das meine Meinung: Da die Seelen über eine solche geistige Regsamkeit verfügen, so viel Erinnerungsvermögen besitzen an Vergangenes, einen klugen Vorausblick auf Zukünftiges, so viele Fähigkeiten, so bedeutende Kenntnisse, so zahlreiche Erfindungen – da kann doch ihr Wesen, das all dieses umfasst, nicht sterblich sein. Und da die Seele ständig in Bewegung ist und keinen Anfang der Bewegung kennt, weil sie sich selbst bewegt, wird es für sie auch kein Ende der Bewegung geben, weil sie sich selbst niemals verlassen wird, und da das Wesen der Seele einfach ist und keine ihr ungleiche und unähnliche Beimengung enthält, kann sie auch nicht geteilt werden, und da sie unteilbar ist, kann sie auch nicht vergehen. Es hat auch große Beweiskraft, dass die Menschen das meiste schon vor ihrer Geburt wissen: Sie eignen sich nämlich schon als Kinder beim Erlernen schwieriger Fertigkeiten zahllose Dinge so rasch an, dass es den Anschein hat, sie lernten das nicht erst jetzt, sondern riefen es sich nur ins Gedächtnis und in Erinnerung. Das etwa sind die Worte Platons.[44]

22

Bei Xenophon aber sagt Kyros der Ältere in seiner Todesstunde folgendes: »Glaubt nicht, ihr meine liebsten Söhne, dass ich, wenn ich von euch geschieden bin, nirgendwo oder gar nicht mehr sein werde. Ihr habt ja meine Seele auch nicht gesehen, solange ich bei euch war. Ihr erkanntet nur aus meinem Tun, dass sie in diesem Körper ist. Glaubt also, dass sie auch weiterexistiert, wenn ihr nichts von ihr seht. Die Ehrungen berühmter Männer würden auch nicht nach ihrem Tod noch fortdauern, wenn ihre Seelen nicht eine eigene Wirkung ausüben würden, durch die wir die Erinnerung an sie noch länger bewahren. Ich habe mich jedenfalls nie davon überzeugen lassen, dass die Seelen lebten, solange sie im sterblichen Körper seien, aber vergingen, wenn sie diesen verlassen hätten. Doch auch das wollte mir nicht einleuchten, dass die Seele dann ihr Bewusstsein eingebüßt habe, wenn sie den bewusstlosen Körper verlassen habe. Vielmehr meine ich, dass sie nun erst, wenn sie von jeder körperlichen Beimengung befreit, rein und lauter ist, wahrhaft weise werden kann. Auch ist es, wenn die Natur den menschlichen Körper auflöst, deutlich, wohin die einzelnen

Bestandteile gehen; es kehrt nämlich alles dorthin zurück, wo es entstanden ist. Die Seele allein tritt nicht in Erscheinung, weder wenn sie da ist, noch wenn sie verschwunden ist. Ihr seht doch ferner, dass nichts dem Tod so ähnlich ist wie der Schlaf; nun zeigt sich aber an den Seelen der Schlafenden am deutlichsten ihr göttliches Wesen, denn dann, wenn sie entspannt und frei sind, sehen sie vielfach Zukünftiges voraus. Daran kann man erkennen, wie sie sein werden, wenn sie sich erst völlig aus den Fesseln ihrer Körperlichkeit gelöst haben. Darum sollt ihr mich, wenn das so ist, wie einen Gott verehren«, sagte Kyros. »Wenn es der Seele aber bestimmt ist, gemeinsam mit dem Körper zu vergehen, werdet ihr doch aus ehrfürchtiger Scheu vor den Göttern, die dieses schöne Weltall schirmen und leiten, die Erinnerung an mich mit frommem Sinn und unantastbar bewahren.«[45] So sprach jedenfalls Kyros in seiner Todesstunde. Wir aber wollen, wenn es euch recht ist, das Thema von uns aus behandeln.

Niemand wird mich je davon überzeugen können, Scipio, dein Vater Paulus oder deine beiden Großväter Paulus und Africanus oder der Vater des Africanus oder sein Onkel oder so viele hervorragende Männer, die ich nicht aufzuzählen brauche, hätten so Großes unternommen, das im Gedächtnis der Nachwelt weiterlebt, wenn sie nicht zu der Erkenntnis gekommen wären, es könne eine Verbindung zwischen ihnen und der Nachwelt geben. Oder glaubst du etwa – um auch mich selbst nach Art alter Leute ein wenig zu rühmen –, ich hätte solche Mühen bei Tag und Nacht, im Frieden und im Krieg auf mich genommen, wären meinem Ruhm die gleichen Grenzen wie meinem Leben bestimmt? Wäre es da nicht viel besser gewesen, die Lebenszeit in Ruhe und Muße ohne irgendwelche Mühen und Plagen zu verbringen? Aber meine Seele schwang sich unwillkürlich empor und blickte immer so auf die Nachwelt voraus, als wäre es ihr bestimmt, erst dann zu leben, wenn sie aus dem Leben geschieden sei. Wäre es nicht so, dass die Seelen unsterblich sind, dann würden nicht gerade die Seelen der Besten am meisten nach Unsterblichkeit im Ruhm streben.

Was bedeutet es, dass gerade die größten Weisen in höchstem Gleichmut sterben, die größten Toren aber mit dem höchsten Widerwillen? Scheint euch nicht eine Seele, die mehr wahrnimmt und weiter blickt, eher zu sehen, dass sie zu einer besseren Welt aufbricht, während eine Seele mit weniger Weitblick das nicht sieht? Ich jedenfalls fühle mich erhoben von dem Verlangen, eure Väter zu sehen, die ich verehrte und liebte; doch ich möchte nicht nur denjenigen begegnen, die ich selbst kannte, sondern gerne auch denen, über die ich gehört, gelesen und selbst geschrieben habe. Wenn ich dorthin aufbreche, dürfte mich jedenfalls keiner so leicht davon abhalten oder wie Pelias in einem Kochkessel verjüngen.[46] Und sollte mir ein Gott die Gunst gewähren, aus diesem Lebensalter heraus wieder ein Kind zu werden und in der Wiege zu wimmern, so würde ich mich nachdrücklich weigern: Ich wollte wirklich nicht, wenn ich sozusagen den Lauf vollendet habe, vom Ziel wieder an den Start zurückgerufen werden. Was hat denn das Leben Vorteilhaftes zu bieten? Ist es nicht eher Mühseliges? Aber mag es durchaus Angenehmes bieten, es bietet doch sicher auch ein Gefühl der Sättigung oder des rechten Maßes. Mir liegt es nicht, das Leben überhaupt zu beklagen, wie es viele, und zwar gelehrte Männer oft getan haben; ich bereue es nicht, gelebt zu haben, denn ich habe so gelebt, dass ich meine, nicht umsonst auf die Welt gekommen zu sein. Und ich scheide aus dem Leben wie aus einer Herberge, nicht wie aus einem Haus. Eine Unterkunft zum vorübergehenden Verweilen hat uns die Natur gegeben, keinen Wohnsitz für immer. Wie herrlich wird der Tag sein, an dem ich mich zu jener göttlichen Versammlung und Gemeinschaft der Seelen aufmache und aus diesem Gewühl und Gedränge scheide. Dann breche ich ja nicht nur zu den Männern auf, von denen ich vorhin gesprochen habe, sondern auch zu meinem Cato, dem besten Mann, dem treuesten Sohn, der je geboren wurde. Ich musste seinen Leichnam verbrennen, während er doch umgekehrt mir diesen Dienst hätte erweisen müssen. Seine Seele aber hat mich nicht verlassen, sie hielt gewiss den Blick auf mich gerichtet, als sie in jene Gefilde entschwunden ist, in die ich, so wusste sie, ebenfalls kommen werde. Ich habe diesen Schicksalsschlag standhaft ertragen, so konnte man sehen, aber nicht als ob ich es gleichgültig ertragen hätte, vielmehr tröstete ich mich selbst mit dem Gedanken, dass es keine lange Trennung und Entfernung zwischen uns geben werde.

Aus diesen Gründen, Scipio – denn du sagtest ja, darüber wunderst du dich mit Laelius immer wieder –, ist mir das Alter leicht, keineswegs beschwerlich, sondern sogar angenehm. Wenn ich mich aber darin irre, dass ich an die Unsterblichkeit der Seele glaube, so irre ich mich gern und will mir diesen Irrtum, an dem ich meine Freude habe, solange ich lebe, nicht entwinden lassen. Wenn ich im Tode jedoch, wie so einige Philosophen der minderen Sorte meinen, keine Empfindung mehr habe, dann brauche ich auch nicht zu befürchten, dass tote Philosophen sich über diesen meinen Irrtum lustig machen.[47] Wenn es uns aber nicht bestimmt ist, unsterblich zu sein, ist es für einen Menschen doch wünschenswert, dass sein Lebenslicht, wenn es an der Zeit ist, ausgelöscht wird. Denn die Natur kennt wie in allen anderen Dingen, so auch im Menschenleben ein rechtes Maß. Das Alter aber ist gewissermaßen der letzte Akt eines Theaterstücks, bei dem wir durchhalten müssen, zumal er ja die Erfüllung mit sich bringt.

Das war es, was ich über das Alter zu sagen hatte. Ich wünsche euch, dass ihr es erreicht, damit ihr das, was ihr von mir gehört habt, durch eigene Erfahrung bestätigen könnt!

Anmerkungen

Cato maior de senectute, übersetzt nach der Edition der Schriften Ciceros in der Teubner-Ausgabe Leipzig 1917 [ND Stuttgart 1971], Fasz. 47.

1 Aus den *Annalen* des Ennius. Ein Hirte will dem römischen Feldherrn Titus Quinctius Flamininus einen Weg zeigen, wie er den Feind im Rücken fassen kann. – Die Übersetzungen des Ennius werden zitiert nach der Ausgabe: Ennius, *Fragmente (Auswahl)*, Lat./Dt., ausgew., übers. und hrsg. von O. Schönberger, Stuttgart 2009, S. 48, 49, 50, 41, 87.

2 Wohl nicht so sehr das Alter – Cicero war zweiundsechzig Jahre alt, Atticus vier Jahre älter – als vielmehr die bedrückende politische Lage unter der Alleinherrschaft Caesars. Dies galt auch für die Zeit nach der Ermordung Caesars. Cicero schrieb an Atticus (*Briefe an Atticus* 14,21), er müsse seinen *Cato* selber öfters lesen, denn das Alter mache ihn bitter.

3 Philosoph der peripatetischen Schule, um 225 v. Chr. Den schönen Jüngling Tithonos hatte Eos, die Göttin der Morgenröte, entführt und ihm von Zeus Unsterblichkeit erbeten, aber keine ewige Jugend, so dass er ein hinfälliger Greis wurde.

4 Unter dem Vulkan auf Sizilien lag der Sage nach der Gigant Enkelados, zur Strafe für seinen Kampf gegen die olympischen Götter.

5 Der Leitsatz der stoischen Philosophie.

6 Der Vergleich des Menschenlebens mit einem Schauspiel, bei dem die Natur oder die Götter Regie führen, ist ein häufiges Bild in der stoischen Philosophie (hier auch am Schluss), z. B. bei Marc Aurel und in den letzten Worten des Augustus (Sueton, *Augustus* 99).

7 Der Athener Themistokles war der siegreiche Feldherr in der

Schlacht bei Salamis 480 v. Chr. gegen die Perser, Seriphos ist eine kleine Kykladeninsel.

8 Dieses Gesetz verbot Geld und andere Zuwendungen für Anwaltstätigkeiten vor Gericht.

9 Mit seiner Hinhaltetaktik, die ihm den Beinamen *Cunctator*, der Zögerer, eintrug, wandte Fabius Maximus das Kriegsglück der Römer nach ihrer Niederlage gegen Hannibal 217 v. Chr.

10 Das picenische und gallische Gebiet in Oberitalien sollte als Staatsland verteilt werden, darüber gab es Unstimmigkeiten. Die Auspizien, die Vogelzeichen, nach denen die Auguren, die dafür bestimmten Priester, den Willen der Götter deuteten, wurden mitunter manipuliert. Fabius Maximus bezieht sich wohl auf einen Vers in der *Ilias* (12,243), wo Hektor die Deutung von Vogelzeichen zurückweist: »Nur ein einziges Zeichen gilt: das Vaterland schützen!«

11 König Pyrrhos von Epiros errang im Krieg gegen Rom zwar Siege (280, 279, 275 v. Chr.), die aber so verlustreich waren (»Pyrrhussiege«), dass er sich schließlich zurückzog. In seiner Rede hatte der erblindete Appius Claudius Caecus (bekannt als Erbauer der Via Appia), gefordert, Friedensvorschläge erst zu akzeptieren, wenn sich der König aus Italien zurückgezogen habe.

12 Anspielung auf Catos Votum, mit dem er seine Reden zu beschließen pflegte: *Ceterum censeo Carthaginem esse delendam* – »Und im übrigen stimme ich dafür, dass Karthago zerstört werden muss«. – Der Gesprächspartner Catos, P. Cornelius Scipio Aemilianus, ist der spätere Zerstörer Karthagos 146 v. Chr. (Scipio Africanus der Jüngere), sein Großvater Scipio Africanus der Ältere ist der Sieger über Hannibal im Zweiten Punischen Krieg 202 v. Chr.

13 Der Ältestenrat in Sparta, die Gerusie, bestand aus dreißig Geronten (von *geron*, der Greis), Männern über sechzig Jahren, die nicht mehr wehrpflichtig waren und daher einen

ständigen Rat bilden konnten. Dies hätten sich, wie es heißt, die Römer der Frühzeit zum Vorbild für ihren Senat genommen (von *senex*, der Greis).

14 Das Stück des Naevius ist nicht erhalten. Bei den jungen Leuten, die mächtige Staaten zerrütteten, ist an Alkibiades zu denken, der 415–413 v. Chr. während des Peloponnesischen Krieges durch seinen Feldzug nach Sizilien Athen in die Katastrophe trieb. Sein Gegenspieler war der ältere und besonnene Feldherr Nikias.

15 Aristides war der Sohn des Lysimachos, er wurde also Aristides Lysimachou angeredet.

16 Die Tragödie enthält ein Loblied auf Attika (V. 668–719); wenn die Anekdote auf Wahrheit beruht, hat Sophokles wohl dieses Stück vorgetragen.

17 Solon, um 640–560 v. Chr., athenischer Staatsmann, Gesetzgeber und Dichter, wurde zu den Sieben Weisen gezählt.

18 Berühmter Athlet, Ringkämpfer, vielfacher Sieger bei den Olympischen und anderen Spielen (Ende des 6. Jh. v. Chr.).

19 Der Perserkönig Kyros der Große, den Xenophon in seiner *Kyrupädie* (*Die Erziehung des Kyros*) zu einem Weisen stilisiert.

20 *Ilias* 1,249; das Folgende 2,371 ff. Der Heerführer ist Agamemnon, Aias war der Stärkste der Griechen, Nestor galt als der Weiseste.

21 Gebirgspass in Mittelgriechenland, berühmt durch den Kampf und Tod des Leonidas und seiner dreihundert Spartaner gegen die Perser (480 v. Chr.). Cato kämpfte dort 191 gegen Antiochos III. von Syrien und errang den Sieg durch ein kühnes Umgehungsmanöver.

22 Die Klienten, Angehörige aus meist niederen Schichten in Rom, die sich dem Schutz eines höherrangigen Mannes unterstellt hatten. Die Gastfreunde waren meist Ausländer ohne Bürgerrecht, oft Dichter und Philosophen aus dem griechischen Osten.

23 Pythagoras von Samos, Wissenschaftler und Philosoph des 6. Jh. v. Chr., gründete in Kroton in Unteritalien eine Philosophenschule.

24 König von Numidien, seit 206 v. Chr. Verbündeter der Römer im Kampf gegen Karthago, Kriegsgefährte und Gastfreund des älteren Scipio Africanus (vgl. Anm. 12). An seinem Hof spielt die Traumerzählung des jüngeren Scipio (*Somnium Scipionis*; vgl. Cicero, *Gespräche über Freundschaft, Alter und die Freiheit der Seele*, übers. und hrsg. von M. Giebel, Stuttgart 2009).

25 Diese Übung war bei den Schülern des Pythagoras (vgl. Anm. 23) mehr eine Art von Gewissensprüfung; sie wurde aber dann allgemein als Gedächtnisübung aufgefasst und praktiziert.

26 Pythagoreischer Philosoph, Mathematiker und Staatsmann, um 400 v. Chr., Freund Platons, dem er bei dessen Besuch pythagoreisches Gedankengut (evtl. die Lehre von der Seelenwanderung) vermittelte. Auch die Römer kamen in Unteritalien mit pythagoreischen Lehren in Berührung.

27 Cato übte sein Amt als Zensor 184 v. Chr. mit besonderer Strenge aus. Die zensorische Rüge wurde gegen Senatoren ausgesprochen, deren Lebenswandel nicht ihrem Rang entsprach; sie konnten auch aus dem Senat ausgeschlossen werden. Cato erhielt wegen seiner strengen und gewissenhaften Amtsführung den Beinamen Censorius. – Flaccus war Catos Amtskollege als Zensor.

28 Epikur (um 342–270 v. Chr.), Begründer der Schule der Epikureer, musste sich schon zu Lebzeiten gegen den Vorwurf wehren, er strebe eine primitive Sinnenlust an. Vielmehr ging es ihm um die Ataraxie, die Unerschütterlichkeit, ein Freisein von überflüssigen Regungen und Begierden, das zum wahren Lustempfinden führt. Da er auch den Rückzug aus der Politik und der Öffentlichkeit empfahl (»Lebe im Verborgenen«), stieß seine Philosophie bei den Römern vielfach auf Kritik und Ablehnung.

29 Der Kult der kleinasiatischen Muttergottheit Kybele wurde 204 v. Chr. in Rom eingeführt. Ihre Verehrung war mit orgiastischen Riten verbunden; in Rom wurde sie aber als Große Mutter vom Berge Ida verehrt, der Heimat des Trojaners Aeneas, des Gründervaters von Rom. An ihren Festen wurden Gastmähler abgehalten, zu denen sich Opferbruderschaften zusammenfanden. Auch die römischen Magistrate nahmen teil, um den römischen Charakter des Kultes zu betonen und sicherzustellen.

30 Im Lateinischen *convivium*, im Griechischen *symposion* und *syndeipnon* (vgl. Platons und Xenophons *Symposion – Gastmahl*).

31 Zitat aus Platons *Politeia* (*Der Staat*) 1,329c, aus dem Gespräch des Sokrates mit dem alten Athener Kephalos, der die Vorwürfe gegen das Alter relativiert, was Cicero zu Anfang seines *Cato* aufgreift.

32 Berühmter Schauspieler und Theaterdirektor, führte Stücke von Terenz auf.

33 Cato leitet, etymologisch nicht zutreffend, *occatio*, das Eggen, von *occaecare*, verdunkeln, ab. – Zu Catos Ratschlägen zur Behandlung des Bodens vgl. Cato, *De agricultura / Über die Landwirtschaft*, Lat./Dt. übers. und hrsg. von H. Froesch, Stuttgart 2009.

34 Der frühgriechische Dichter Hesiod (um 700 v. Chr.) gibt in seinem Lehrepos *Werke und Tage* Regeln und Anleitungen für die landwirtschaftlichen Arbeiten. – Homer erzählt im letzten Gesang der *Odyssee*, wie sich Odysseus seinem alten Vater Laertes auf dessen Landgut zu erkennen gibt, indem er dem Vater die Bäume nennt, die ihm dieser einst geschenkt habe (*Odyssee* 24,336 ff.).

35 Bei einer selbstgekochten Rübenmahlzeit.

36 Ursprünglich bestand der römische Senat aus Männern über sechzig Jahren (vgl. Anm. 13).

37 Bei Xenophon (*Oikonomikos – Von der Hauswirtschaft* 4,20 ff.) will Lysander angesichts der prächtigen Kleidung

des Perserprinzen gar nicht glauben, dass Kyros wirklich selbst Hand anlegt in seinem Park. Dieser erklärt aber, seiner Gesundheit zuliebe setze er sich niemals zu Tisch, bevor er nicht bei einer militärischen Übung oder einer gärtnerischen Betätigung ins Schwitzen geraten sei.

38 Hier wird das Alter schon ab dem sechsundvierzigsten Jahr gezählt: das Lebensjahr, in dem man, außer in Notzeiten, nicht mehr zum Wehrdienst eingezogen wurde. Später ging das Mannesalter bis zum sechzigsten, das Greisenalter begann mit dem einundsechzigsten Lebensjahr.

39 In der Komödie *Adelphoe* (*Die Brüder*, 160 v. Chr. aufgeführt) bringt Terenz zwei ältere Brüder mit gegensätzlichen Charakteren und mit unterschiedlichen Ansichten auf die Bühne.

40 Cato bzw. Cicero lehnt Schreckbilder und Strafen in der Unterwelt als abergläubische Vorstellungen ab.

41 Cato denkt an die zahlreichen als Fieber bezeichneten Infektionskrankheiten, denen viele Kinder und Jugendliche zum Opfer fielen.

42 So sieht es auch Sokrates bei Platon (*Phaidon* 61d ff.). Die Stoiker hielten den Selbstmord aus triftigen Gründen für erlaubt (vgl. Cicero, *Tuskulanische Gespräche* 1,74).

43 Ausgehend von Platon hat Cicero diese Ansicht vom göttlichen Ursprung der Seele und der Bestimmung des Menschen des öfteren vertreten, so im *Somnium Scipionis* (*Scipios Traum*), am Ende von *De re publica* (*Vom Staat*; vgl. Anm. 24). Dort findet sich auch die These von der Selbstbewegung der Seele als Unsterblichkeitsbeweis.

44 Die Gespräche des Sokrates an seinem letzten Tag (vgl. Platons *Phaidon*). Die Wiedererinnerung behandelt Platon im Dialog *Menon*.

45 Xenophon, *Kyrupädie* 8,7,17 ff.

46 Im Argonautenmythos verjüngt Medea Jasons Vater Aison in einem Zauberkessel, sein feindlicher Bruder Pelias aber stirbt bei der gleichen Prozedur. In einer Komödie des

Plautus ist jedoch auch von einer geglückten Verjüngung des Pelias die Rede (*Pseudolus* 809 ff.).

47 In den *Tuskulanischen Gesprächen* lässt Cicero einen Gesprächspartner in diesem Zusammenhang sagen, er wolle lieber mit Platon irren (der die Unsterblichkeit der Seele vertritt), als mit gewissen anderen das Wahre denken (1,39).

Nachwort

»Alle wünschen sich, das Alter zu erreichen, doch wenn sie es erreicht haben, beklagen sie sich darüber« – ein Ausspruch, der in einem heutigen Ratgeber für Senioren stehen könnte. In seiner Schrift über das Alter, die er in Gesprächsform abgefasst hat, lässt Cicero den alten Cato das Wort führen. Mit seinen vierundachtzig Jahren noch gesund und munter, nimmt er die gemeinhin geäußerten Vorwürfe und Klagen über das Alter kritisch unter die Lupe. Cato maior, der Ältere, heißt er nicht wegen seiner hohen Jahre (234–149 v. Chr.), sondern im Gegensatz zu seinem Urenkel Cato dem Jüngeren (95–46 v. Chr.), der, ebenfalls sittenstreng und pflichtbewusst, für den Erhalt des Staates gekämpft hatte und als »der letzte Republikaner« zu einer der Vorbildgestalten Roms wurde.

Heute ist der ältere Cato hauptsächlich bekannt durch den ihm zugeschriebenen Ausspruch: *Ceterum censeo Carthaginem esse delendam* – »Und im übrigen stimme ich dafür, dass Carthago zerstört werden muss«. Cicero hatte jedoch seine eigenen Gründe für eine Wertschätzung Catos. Stammte er doch, ebenso wie er selbst, nicht aus einer der führenden römischen Adelsfamilien, der Nobilität, sondern gehörte der zweiten sozialen Rangstufe an, dem Ritterstand;

und beide kamen aus einer Landstadt: Cicero aus Arpinum, Cato aus Tusculum. Er hatte sich wie Cicero als »Newcomer« mit Zähigkeit und Einsatzfreude zu den höchsten Ämtern emporgearbeitet. Auch als Schriftsteller fühlte sich Cicero dem alten Cato verwandt, hatte dieser doch die frühe lateinische Literatur geprägt, sowohl mit seinem Geschichtswerk *Origines* (*Ursprungsgeschichten*) als auch mit seiner noch erhaltenen Schrift *De agricultura* (*Über die Landwirtschaft*), in der er Anleitungen zur rationellen Führung eines Gutsbetriebs gibt, samt Koch- und Gesundheitsrezepten.

Obwohl Cato sich für die Erhaltung der altrömischen Tugenden und Werte einsetzte und den zunehmenden Einfluss griechischer Kultur kritisch betrachtete, lernte er im Alter noch Griechisch und studierte die Literatur, Philosophie und Redekunst der Griechen. Er stimmte dem Wort des weisen Atheners Solon zu: »Alternd lerne ich stets immer noch Neues hinzu.«

Als Vertreter dieser These vom lebenslangen Lernen ist er der geeignete Gesprächspartner für die beiden jüngeren Römer, die Cicero ihm zuordnet: die Freunde Scipio Africanus und Laelius, die er in seiner Schrift *Laelius de amicitia* (*Über die Freundschaft*) porträtiert hat. Von ihrer Frage, wie Cato es denn fertig bringt, so gelassen mit seinem hohen Alter umzugehen, nimmt das Gespräch seinen Ausgangspunkt. Cato nennt die vier Hauptvorwürfe gegen das Alter, die er jeweils entkräftet oder modifiziert: 1. Das Alter verwehre dem Menschen jegliche Aktivität. 2. Im Alter habe man keine Kraft mehr. 3. Im Alter müsse man auf jede Sinnenlust verzichten. 4. Das Herannahen des Todes sei bedrückend.

Cato rückt falsche Vorstellungen zurecht, zeigt Freiräume auf und appelliert an die eigene Willenskraft: Wer sich mürrisch oder weinerlich in sich selbst zurückzieht, darf sich nicht wundern, wenn seine Kräfte insgesamt nachlassen und die Freunde ausbleiben. So heißt es heute, alt sei man erst, wenn man keine Lust und kein Interesse mehr habe, am Leben teilzunehmen. Cato plädiert dafür, das Alter samt seinen nicht wegzuleugnenden Beschwerden als Herausforderung zu sehen und Präventivmaßnahmen zu ergreifen: gesunde Kost für den Körper, stetes Training für den Geist, »Öl auf die Lampe gießen« und Wettläufe des Verstandes unternehmen (»Gehirnjogging«). Dabei tätig bleiben, soweit es geht, Kontakt halten zur Jugend und ein Hobby pflegen, das für jedes Lebensalter passt: die vielseitige und befriedigende Betätigung im Garten und auf dem Land.

Lebenserfahrung führt zu Lebensweisheit. Zu dieser gehört es schließlich auch, den Tod gefasst zu erwarten, ist er doch der stete Begleiter des Lebens und eine Naturnotwendigkeit.

Wer sich auf Catos beziehungsweise Ciceros Argumentation einlässt, wird, ob er im fortgeschrittenen Alter ist wie Cicero selbst oder in jüngeren Jahren wie die beiden Gesprächspartner Catos, ein wenig Gelassenheit gewinnen und nicht zu denen gehören, die sich über das Alter beklagen, sobald sie es erreicht haben.

Cicero hatte die Schrift für seinen Freund Atticus verfasst, zusammen mit *Laelius de amicitia* (*Über die Freundschaft*). Er wollte damit dem treuen Freund ein Denkmal setzen, der in den ereignisreichen, oft schwierigen Jahren seines Lebens seine Stütze gewesen war, wie seine Briefe an ihn eindrucksvoll bezeugen.

Titus Pomponius Atticus (110–32 v. Chr.) war wenig älter als Cicero (106–43 v. Chr.), stammte wie dieser nicht aus der Nobilität, sondern war Römischer Ritter. Im Gegensatz zu Cicero schlug er aber nicht die Ämterlaufbahn ein; statt der aufreibenden, oft auch gefahrvollen Kämpfe um Einfluss und Ansehen nutzte er die Möglichkeiten, die der Ritterstand bot, nämlich in Geschäften aller Art, besonders im Geldwesen, tätig zu sein. Damit erwarb er sich zu den Erträgen seiner umfangreichen Landgüter ein großes Vermögen, mit dem er als Mäzen wirkte, wie gegenüber der Stadt Athen, seinem langjährigen Wohnsitz, was ihm den Beinamen Atticus eintrug. Er betätigte sich auch als Verleger der

Werke Ciceros, die er in Schreib- und Kopistenwerkstätten abschreiben und vervielfältigen ließ. Und er half ihm öfter in finanziellen Engpässen, so als der Senator und Konsul Cicero ein großes Haus führen musste, was seine eigenen Mittel überforderte, oder als er, in die Verbannung getrieben, sein Hab und Gut eingebüßt hatte. Vor allem aber stand er ihm bei mit seinem klugen politischen Rat, dämpfte seine Impulsivität und riet oft dazu, sich mit den politischen Verhältnissen *nolens volens* zu arrangieren. Nun war er, wie Cicero auch, über sechzig Jahre, Zeit für ein geruhsames, ehrenvolles Alter: *otium cum dignitate* in einem geordneten Gemeinwesen.

Doch als Cicero für seinen Freund die Schrift über das Alter abfasste, 45/44 v. Chr., war die römische *res publica* nicht mehr die Sache aller Bürger und von diesen verwaltet, der Staat war vielmehr zur *res privata* geworden: Iulius Caesar hatte sich, als Sieger im blutigen Bürgerkrieg (49–46 v. Chr.), zum Diktator auf Lebenszeit ernannt; mit seinem persönlichen Mitarbeiterstab bestimmte er die Politik. Auf Ciceros dringliche Mahnungen, nun doch die *res publica* wiederherzustellen, hatte er nicht reagiert. Cicero sah sich in seinen Hoffnungen enttäuscht, hatte er doch, als Konsul 63 v. Chr. bei der Niederschlagung der Verschwörung des Catilina, bei Vermittlungen zwischen den Machthabern Pompeius und

Caesar, schließlich bei einem Kompromissvorschlag zur Vermeidung des Bürgerkriegs Anfang des Jahres 49, immer wieder alles versucht, um die römische Republik lebensfähig zu erhalten. Als ihm keine politische Einflussnahme möglich war, wollte er mit seiner schriftstellerischen Tätigkeit zum Nutzen seiner Mitbürger beitragen. Er verfasste staatstheoretische und moralphilosophische Werke wie *De re publica* (*Vom Gemeinwesen*), *De legibus* (*Von den Gesetzen*), die *Tuskulanischen Gespräche* und machte die Philosophie in Rom heimisch. Auch die beiden Atticus gewidmeten Schriften über Freundschaft und Alter gehören in diesen Zusammenhang; sie sind keineswegs unpolitisch. Im *Laelius* betont Cicero die Grenzen der Freundschaft. Niemals darf man etwas Unehrenhaftes tun, vor allem nicht gegen das Gemeinwesen, nur weil einer auf die Freundschaftspflicht pocht. Der Freund ist ein Kamerad, aber kein Komplize. Im *Cato* aber stellt Cicero das Alter in einem geordneten Staatswesen vor: Der Ältere genießt sein im Dienst für die *res publica* erworbenes Ansehen, bringt seine Meinung ein im Senat, berät die Jüngeren und kann sicher sein, einst wie seine Vorfahren von seinen Mitbürgern ehrenvoll zu Grabe getragen zu werden.

So hätte es sich Cicero auch gewünscht, doch kurz nach der Abfassung des *Cato*, an den Iden des März 44 v. Chr., fiel Iulius Caesar den Dolchen der Verschwörer zum Opfer. Brutus und Cassius und ihre Freunde wollten Caesars Alleinherrschaft nicht länger ertragen.

Doch ihr Versuch, die Republik wiederherzustellen, scheitert. Caesars Gefolgsmann Marcus Antonius übernimmt die Macht. Cicero hatte oft seiner Meinung Ausdruck gegeben, die *virtus*, die Tugend, verwirkliche sich im Handeln, vor allem für das Staatswohl. So kehrte er nun auf die politische Bühne zurück und versuchte, die Tat der Befreier, die seiner Meinung nach »mit dem Mut von Männern, aber mit dem Verstand von Kindern« vollbracht worden war, für die *res publica* nutzbar zu machen. Es gelang ihm, dem über Sechzigjährigen, eine Einheitsfront gegen Marcus Antonius aufzubauen. Eine kurze Zeit lang stand er, wie einst als Konsul, an der Spitze des Staates, dokumentiert in seinen kämpferischen *Philippischen Reden*, doch dann verließ ihn sein wichtigster Bündnispartner und wechselte zum Feind über: der neunzehnjährige Gaius Octavius, Octavian. Als Großneffe, Adoptivsohn und Erbe des Diktators nannte er sich nun Caesar und hatte die Soldaten auf seine Seite gebracht. Er machte mit Antonius gemeinsame Sache, mit ihm bekämpfte er die Senatspartei und errichtete eine Militärdiktatur in Rom, mit dem in Schreckenszeiten erprobten Mittel der Proskriptionen. An der Spitze dieser schwarzen Listen stand der Name Ciceros als des Verfassers der *Philip-*

pischen Reden. Antonius hatte darauf bestanden, Octavian, der Cicero seinen väterlichen Ratgeber genannt hatte, gab nach. Am 7. Dezember 43 v. Chr. empfing Cicero gefasst den Todesstreich von der Hand seiner Mörder. Statt eines würdigen Grabgeleits wurden auf Betreiben des Antonius sein Kopf und die Hand, welche die *Philippischen Reden* geschrieben hatte, öffentlich aufgesteckt. Die es sahen, hätten freilich, so heißt es, darin eher die Grausamkeit des Antonius erblickt als eine Minderung von Ciceros Ansehen.

Im Jahr 30 v. Chr. wurde an ebendieser Stelle das Edikt angeschlagen, in dem Antonius der *damnatio memoriae* verfiel, der Ächtung seines Namens und Andenkens. Sein ehemaliger Kampfgenosse und späterer Gegner war durch den Sieg über ihn bei Actium 31 v. Chr. zum Alleinherrscher des Reiches geworden, bald würde er Augustus, der Erhabene, heißen und den Titel *pater patriae* tragen, der Cicero einst als Konsul vom römischen Volk verliehen worden war. Der Konsul, dessen Aufgabe es war, dieses Edikt bekannt zu machen, hieß Marcus Tullius Cicero, ein Mann, der noch kein höheres Staatsamt innegehabt hatte und außer dem Namen seines Vaters keine besonderen Vorzüge aufzuweisen hatte.

Der treue Freund Atticus hätte diese Art einer späten Wiedergutmachung beinahe noch erleben können; er verkehrte freundschaftlich mit Augustus, knüpfte sogar noch verwandtschaftliche Bande zu seinem Hause und starb 32 v. Chr. im Alter von achtundsiebzig Jahren. Er hatte noch eine griechisch geschriebene, leider verlorene Biographie Ciceros verfasst.

Inhalt